Peter Wendling STRATEGIEN FÜR DEN COUP

Peter Wendling

STRATEGIEN FÜR DEN COUP

Börse Casino Rennbahn

Oesch Verlag

CIP-Titelaufnahme der Deutschen Bibliothek

Wendling, Peter:

Strategien für den Coup: Börse, Casino, Rennbahn /
Peter Wendling. – Zürich : Oesch, 1989

ISBN 3-85833-389-1

Schutzumschlag: Heinz von Arx, Zürich
Satz: Typobauer Filmsatz, Ostfildern
Druck und Bindung: May & Co., Darmstadt
Printed in Germany

ISBN 3-85833-389-1

Inhalt

Spielen, wetten, spekulieren

In diesem Buch geht es um Spielcasinos, Rennbahnen und Terminbörsen – drei Bereiche, die sich vielleicht auf den ersten Blick nicht unbedingt unter einen Hut bringen lassen. Der ausgekochte Börsenprofi, der telefonisch oder per Computer innerhalb von wenigen Stunden oder sogar nur Minuten durch den erfolgreichen Handel mit mehreren Tonnen irgendeines Rohstoffs sein Geld verdient, könnte sich unter Umständen gekränkt fühlen, wenn er »bloß« mit einem Spieler oder Wetter verglichen wird.

Nun, ein solcher Vergleich ist natürlich weder beabsichtigt, noch wäre er besonders glücklich, da jeder – der Spieler, Wetter und Spekulant – in einer eigenen Welt lebt, die keinesfalls mit der je anderen vermengt werden darf, da jede grundverschiedene Fachgebiete beinhaltet.

Löst man sich jedoch von dieser Betrachtungsweise und richtet seinen Blick weg von der Materie auf die Motivation, die zur Betätigung auf einem dieser Gebiete führt, so gelangt man zu einer Annäherung, die jeden »Standesdünkel« zu einer Farce macht: Sowohl der Casinobesucher, der Buchmacherkunde als auch der Klient eines Brokers haben den gemeinsamen Wunsch, mit möglichst wenig Einsatz einen maximalen Gewinn zu erzielen. Und alle drei Gruppen verbindet des weiteren das gemeinsame Schicksal, daß sie dabei im großen und ganzen auf die Nase fallen und verlieren, was das Zeug hält. Die Nutznießer dieser

Spekulationen auf das schnelle Geld sind allemal die Banken, die in diesem Fall als Casinos, Wettbüros oder Aktiengesellschaften auftreten.

Kein Wunder, denn die große Mehrzahl der Spieler, Wetter oder Spekulanten arbeitet so amateurhaft, daß man sich fragen kann, ob es sich nun um Stümper oder Hasardeure handelt. Der Spielbankgast, der den Roulettespieltisch wahllos mit Tausendern bepflastert, der Pferdewetter, der im Stadtbüro eines Buchmachers höchste Einsätze tätigt und keine Ahnung vom Zustand der Pferde, Jockeys und des Bodens hat, sowie der Börsenspekulant, der brav die Tips seines Brokers befolgt – diese Spezie von Glücksrittern unterscheidet sich allein durch die Höhe ihrer Einsätze und natürlich auch Verluste vom herkömmlichen Lottospieler, der sich im Laufe seines Lebens nur einen einzigen Treffer ersehnt.

Mit Fortuna hat es jedoch seine eigene Bewandtnis, und wer ausschließlich auf das Glück setzen will, für den ist es letztendlich egal, auf welche Art er es einzufangen gedenkt. Wer jedoch dem Zufall eine bestimmte Marschrichtung weisen möchte, hat durchaus ernst zu nehmende Möglichkeiten, mit einer gehörigen Portion Sachkenntnis eine Menge Geld zu machen.

Die Wahl der »Arbeitsinstrumente« mußte zwangsläufig auf Casino, Rennbahn und Terminbörse fallen, da es in unseren Breiten bis auf wenige Ausnahmen verboten ist, bei kurzfristig anberaumten Glücksspielen oder Spekulationsgeschäften aktiv zu sein: So gibt es in der Schweiz weder klassisches Roulette noch Buchmacher (wohl aber Rennbahntotalisatoren), in Deutschland darf nur auf Pferde gewettet werden, und in Österreich sind auf allgemeine Sportarten erweiterte Wetten erst seit kurzer Zeit möglich. Natürlich existieren noch eine Vielzahl anderer Gelegenheiten, sein Geld auf Risiko zu setzen, doch diese Spekulationsarten haben zumeist den Nachteil, daß – beispielsweise bei Grundstücksspekulationen – sehr viel Kapital eingesetzt werden muß, das dann auch noch langfristig gebunden ist.

Auch besteht vom juristischen Standpunkt aus gesehen eine Brücke, die den Spekulanten vom hohen Börsenroß herabzuzwingen vermag, denn die deutsche Rechtsordnung stuft – im Gegensatz zu vielen anderen Ländern – Options- und Warentermingeschäfte wie Spiel oder Wette ein. Das bedeutet für Schulden aus Spiel, Wette und Termingeschäften gleichermaßen, daß sie Ehrenschulden sind: Wer bezahlt hat, kann nichts zurückverlangen – wer nicht bezahlen will, braucht keine Angst zu haben, verklagt zu werden.

Unter Berücksichtigung der genannten Gesichtspunkte sind die drei anfänglich etwas isoliert nebeneinanderstehenden Chancen auf das große Geld tatsächlich unter einem gemeinsamen Motto zu betrachten, das schlicht und ergreifend lautet: wenig Einsatz, viel Gewinn.

Wer allerdings der Ansicht ist, daß sich »wenig Einsatz« nicht nur auf das Kapital, sondern auch auf die Arbeitsleistung bezieht, der unterliegt genau dem verhängnisvollen Irrtum, der der Masse der Spekulanten auf Dauer das Genick bricht. Sowohl der Rouletteprofi, der endlose Nächte über Systemen tüftelt und von Casino zu Casino reist und durch wochenlange Observation der Kesseldrehungen einen kleinen Vorteil für sich auszumachen versucht, der Rennplatzexperte, der nicht den eleganten Hüten, sondern den Stallmädchen nachstellt, um letzte Informationen über den Zustand eines Jockeys oder Pferdes zu ergattern, als auch der Börsenguru, der sich angestrengt mit Bilanzen, Analysen, Weltpolitik und dem Wetter auseinandersetzt – sie alle sind harte Arbeiter, die ihre Coups meist sogar noch neben ihrem eigentlichen Beruf vorbereiten und begleiten.

»Aus nichts wird nichts; von nichts kommt nichts« lautet daher auch ein weises Sprichwort, dessen tiefere immaterielle Bedeutsamkeit besonders anschaulich bei Lucretius Carus (»Über die Natur der Dinge«) und Marcus Aurelius Antonius (»Selbstbetrachtungen«) nachgelesen werden kann – die Landsleute dieser beiden römischen Philosophen zählten übrigens zu den entfesseltsten Spielern und Spekulanten, die die Geschichte jemals kannte.

Starnberg, August 1988 *Der Autor*

Experiment Spielcasino

Wo viel verloren wird, ist manches zu gewinnen.

JOHANN WOLFGANG VON GOETHE

Wer sich zum ersten Mal in eines der 31 deutschen oder 11 österreichischen Casinos begibt, wird vielleicht ein wenig aufgeregt sein und die übergroßen Richtungsweiser im Straßenbild der Casinoorte als äußerst angenehm empfinden. Zu viele Gedanken schwirren jetzt im Kopf umher, als daß man sich noch mit einer Orientierung per Stadtplan abgeben wollte – die zu einem eventuellen Verlust freigegebenen Geldscheine liegen, fein säuberlich abgezählt, in der Brieftasche, und im Kopf ist der zumindest theoretisch feste Vorsatz, die »Salle privée« bei 25 Prozent Gewinn unverzüglich wieder zu verlassen, verankert. So ist auch der Umstand, daß viele Casinos einen regelmäßigen Buspendeldienst zu den nächstgrößeren Städten oder Bahnhöfen unterhalten, nicht nur als reiner Werbegag zu verstehen, sondern als Teil einer Psychologie, die den Gast vor den Unbilden des Straßenverkehrs bewahren soll, ihm nochmals die ungestörte Überprüfung seines ausgeklügelten Systemspiels erlaubt und zudem die Herstellung angenehmer und unter Umständen lehrreicher Kontakte zu anderen Casinogästen gestattet. Diese stilvolle Gastlichkeit, die sich in gedämpfter Atmosphäre und federleichten Jetons bis zum Wert eines Kleinwagens fortpflanzt, gipfelt in einer letzten Sicherheit, deren Inanspruchnahme natürlich keinem Casinobesucher zu wünschen ist: die Viatique (franz. = Taschengeld für die Reise) im Gegenwert einer Bahnkarte zum Heimatort für diejenigen Spieler, die alles verspielt haben – und damit dieser Betrag nicht gleich wieder in Jetons eingewechselt wird, bleiben die Bankrotteure bis zur Rückerstattung des gewährten Almosens gesperrt.

Von deutschen und österreichischen Casinos war hier die Rede, und der unkundige Casinoanfänger mag vielleicht die Erwähnung von eidgenössischen Spielbanken vermißt haben. Nun, was sich hier in den Kursaal- oder Hotelcasinos von Arosa, Bad Ragaz, Baden, Bern, Brunnen, Crans, Davos, Engelberg, Genf, Interlaken, Locarno, Lugano, Luzern, Montreux, Rheinfelden, St. Moritz, Thun und Zürich abspielt, ist die Roulettevariante »La Boule«, die seit nunmehr über 30 Jahren mit dem Höchsteinsatz von ganzen fünf Franken gespielt werden darf. Zwar liegen die hauptsächlich vom Fremdenverkehrsverband betriebenen Casinopläne fix und fertig als Konzept in der Schublade, doch solange keine entsprechende Volksabstimmung entschieden hat, wird für die Schweizer Bürger weiterhin Artikel 35 Absatz 1 der Bundesverfassung gelten, in der es seit 1874 lapidar heißt: *»Die Einrichtung und der Betrieb von Spielbanken sind verboten.«* Doch die Schweiz ist klein, und die Grenzen zum casinofreundlichen Ausland sind von überall leicht zu erreichen: Das österreichische Bregenz sowie die deutschen Casinostädte Konstanz und Lindau am Bodensee gelten als Anlaufstellen für die deutsche Schweiz, die französischen Casinos von Evian sowie Divonne am Genfer See werden bevorzugt von den Bewohnern der französischen Schweiz angesteuert, und das italienische Campione am Luganer See liegt sogar auf Schweizer Hoheitsgebiet.

Nähert sich nun der Neuling erstmals einem der »Etablissements des Glücks«, so sind bereits die äußeren Umstände dazu angetan, das klopfende Herz zu beruhigen: Die wenigsten Casinos sind in zeitlos prunkvollen Kurstätten oder Palästen zu Hause – die Überzahl der deutschen und österreichischen Casinos sind in funktionellen Neubauten oder gar in Hoteletagen untergebracht, und auch auf den dazugehörigen Parkplätzen stehen enttäuschend wenig Luxuskarossen, dafür um so mehr Mittelklasse- und Kleinwagen.

Gänzlich eingeholt von der Realität wird der Casinogast, wenn der Weg zum »Großen Spiel« (Roulette, Baccara, Black Jack) an den lärmerfüllten Räumen des »Kleinen Spiels« (Automaten oder auch Slot Machines) vorüberführt, in denen die Spielsucht ganz ohne den eleganten Mantel der »Salle privée« an chromblitzenden Metallgehäusen ausgefochten wird. Die meisten Häuser gehen aus diesem Grunde auch dazu über, den Automatenbereich noch mehr vom »Großen Spiel« abzusondern, was sich durch verschiedene Eingänge oder sogar dadurch niederschlägt, daß die »Geräteschuppen« in anderen Gebäuden untergebracht sind, das Casino also ausschließlich für Roulette sowie die Kartenspiele Baccara und Black Jack reserviert ist.

Nun verhält es sich jedoch durchaus nicht so, daß der Casinoneuling einfach in das Reich der filzbespannten Tische eintreten kann: Zunächst muß er die Rezeption passieren, an der höflich, aber bestimmt nach Personalausweis oder Reisepaß gefragt wird. Eine persönliche Karteikarte (mit der Zeit immer mehr durch elektronische Datenverarbeitung abgelöst) wird angelegt, auf der Name, Anschrift, Beruf und Geburtsjahr eingetragen werden, und zudem muß der Gast unterschreiben, daß er sich in wirtschaftlich gesunden Verhältnissen befindet.

Der Vermerk der Anschrift soll nicht nur den Weg zum Adressaten ungedeckter Schecks weisen, sondern damit hat es – ebenso wie im weltberühmten Casino von Monte Carlo – eine besondere Bewandtnis: Das sogenannte »Residenzverbot« verwehrt bei einigen deutschen Spielbanken Ortsansässigen den Eintritt und erstreckt sich zum Beispiel in Baden-Baden auf einen Radius von 15 Kilometern. Natürlich gibt es für Personen des öffentlichen Lebens immer Mittel und Wege, diese Sperre zu umgehen, doch in der Regel machen die Casinos in diesem Punkt keine Ausnahme, gilt es doch langfristig, Einheimische möglichst vor dem Bettelstab und damit der Sozialhilfe zu bewahren. In den österreichischen »Casinos Austria« gilt diese Regelung nicht, dafür ist der Einlaß in allen Häusern nur Personen mit vollendetem 21. Lebensjahr gestattet, wogegen in Deutschland teilweise schon ab 18 Jahren gespielt werden darf.

Wer an der Rezeption seinen Beruf mit Sozialhilfeempfänger

oder Student angibt, wird vergeblich auf Einlaß warten, und auch Arbeiter werden von den meisten Casinos abgewiesen. Hier also ein verständlicher Klassenunterschied, der nur Freiberuflern, Unternehmern, Beamten oder Angestellten die Casinoreife verleiht.

Zum Flair der geordneten finanziellen Verhältnisse gehört natürlich auch das Outfit: Jeans, Lederjacken und Turnschuhe sind tabu – büromäßig bis festlich heißt hier die Devise, was sich entgegenkommenderweise an der Garderobe im entgeltlichen Verleih von Bindern und Sakkos niederschlägt. Hier hält sich zumindest in den meisten europäischen Häusern ein trauriger Rest des ehemaligen Glanzes, der die Casinos so schillernd und zu Orten des Luxus und der Eleganz gemacht hat. In den Vereinigten Staaten, in Lateinamerika, Afrika und Asien hingegen geht es in den Spielbanken ausschließlich um die Essenz: Wichtig ist allein, daß die Kasse stimmt – was der Casinogast außer der Brieftasche noch am Körper trägt, interessiert hier keinen Menschen.

So wird auch in diesen Regionen in der Regel kein Eintritt verlangt, sondern im Gegenteil mit besonders preisgünstigem Essen, Gratiskaffee oder -alkohol an den Tischen und aufmunternden Showeinlagen auf der Bühne geworben. In Deutschland kostet die Tageskarte – VIP's ausgenommen – überall 5 Mark, während Besucher der »Casinos Austria« zwar 130 Schilling für den Einlaß bezahlen müssen, dafür aber im Gegenwert von 150 Schilling Jetons oder Automatenmünzen erhalten. Eine salomonische Lösung, die genaugenommen sogar als genial bezeichnet werden kann, denn wer einmal angefangen hat zu spielen, hört bei einem Verlust von »geschenkten« 150 Schilling gewiß nicht auf.

Der erste Eindruck, den der feierlich gestimmte und entsprechend erwartungsvolle Casinoneuling nach dem Betreten der »Salle privée« erhält, kommt je nach Empfindsamkeit einem kleinen bis mittleren Schock gleich. Gar nichts Exklusives haben all die Menschen an sich, die sich entweder sitzend oder stehend um die grünen Tische versammelt haben oder mit eigenartig versonnener Miene durch den Salon schleichen. Zwischen 40 und 60 Jahre alt ist das Gros der Casinobesucher, die Verteilung der Geschlechter läuft auf einen knappen Überhang des Männeranteils hinaus. Vergeblich wird die Ausschau nach Filmstars, Königen, Scheichs, Industriebaronen oder anderem illustrem Volk verlaufen – längst hat sich innerhalb der Casinomauern die Wende zum Tummelplatz für die breite Mittelschicht vollzogen, die sich mitunter sogar sehr mittelmäßig präsentiert: hier ein dunkelgrünes Tennishemd, geziert mit Binder und Sakko aus dem Leihfundus, da eine ausgefranste Jeans, die die Hürde der Rezeption doch noch nehmen konnte – eine Menge karierter Sportsakkos haben den einst unerläßlichen dunklen Anzug (in Damenbegleitung Dinner-Jacket) abgelöst, so daß sich der nach überlieferter Sitte gekleidete Casinoneuling ein wenig verloren, manchmal sogar wie ein Fremdkörper vorkommen muß. Ein mildes Kompliment lediglich den weiblichen Casinogästen, die – wenn auch nicht immer erfolgreich – zumindest partiell darum bemüht sind, die anmutige Triade aus Dekolleté, Brillantschmuck und langen Handschuhen zu pflegen.

Hin und wieder begleitet ein Raunen das Scheppern der einrastenden Teflon- oder Elfenbeinkugeln und das klappernde Geräusch der zusammengerechten Plastik-Jetons – da ist ein Spieler wegen hoher Einsätze in bemerkenswerter Gewinn- oder Verlustzone, und das Publikum, das sich im Schnitt mit 280 Mark Verlust pro Besuch begnügt, hat seine kleine Sensation. Interesse ziehen immer diejenigen Spieler auf sich, die ihre übernächtigten und von der Sucht gezeichneten Spieleraugen hinter dunklen Brillen verbergen, und natürlich diejenigen, die ständig mehrere Tische gleichzeitig mit Jetons bepflastern, also die »Arbeiter«, die einen Stuhl am Tisch entfernen und dafür ein »Reserviert«-Schild haben aufstellen lassen, um jederzeit freien Zugang zum jeweiligen Tisch zu haben.

Dieses Schauspiel bietet sich dem Casinogast vornehmlich an Tischen, an denen der höchste Mindesteinsatz von 20 Mark (in den »Casinos Austria« 200 Schilling) gilt, während sich an Tischen mit Mindesteinsätzen von 10, 5 oder gar 2 Mark (in Österreich 100, 50 oder 20 Schilling) eher weniger Spektakuläres abspielt. Immer auch dabei, meist direkt am Tisch sitzend, die mitschreibenden Systemspieler, die jedoch zunehmend von der Technik profitieren können: Elektronische »Permanenzanzeigen« listen auf einer Leuchttafel über dem Kessel fehlerfrei und automatisch die Gewinnzahlen der letzten 20 Spiele auf. Die »Casinos Austria« können mit ihrem neuentwickelten Casinoinformationssystem »CIS« nicht nur die letzten 24 Gewinnzahlen zur Anzeige bringen, sondern überdies den Spielablauf kontrollieren sowie analysieren.

Bevor sich nun der Casinoneuling an die Kasse begibt, um einen Euroscheck oder Bargeld gleich welcher Währung gegen Jetons zu wechseln (in Österreich werden auch Kreditkarten akzeptiert), sollte er sich unbedingt mit den schnell zu erlernenden Spielregeln vertraut machen. Darüber hinaus sollte es wie bei jedem anderen Geschäft auch selbstverständlich sein, sich über den Partner – in diesem Fall die jeweiligen Spielbankbetreiber – zu informieren, und bei einem kleinen Funken von Interesse an Kulturgeschichte ist es mehr als nur amüsant, zu wissen, wie die heutigen Spielcasinos überhaupt entstanden sind.

Casinos im Wandel der Zeit

»Ich rechnete nichts, ich hörte nicht einmal, welche Zahl zuletzt gekommen war, und fragte nicht danach, als ich zu spielen anfing, wie es jeder nur ein wenig rechnende Spieler getan hätte. Ich zog meine sämtlichen zwanzig Friedrichsdor aus der Tasche und warf sie auf das vor mir liegende Passe.

›Vingt-deux!‹ rief der Croupier.

Ich hatte gewonnen und setzte wieder alles: mein Grundkapital und den Gewinn.

›Trente-et-un!‹ rief der Croupier.

Wieder gewonnen. Nun hatte ich also im ganzen achtzig Friedrichsdor. Ich setzte alle achtzig auf die zwölf mittleren Zahlen (man bekommt den dreifachen Einsatz, hat aber zwei Chancen gegen sich) – das Rad drehte sich, und es kam Vierundzwanzig. Man reichte mir drei Rollen mit je fünfzig Friedrichsdor und zehn lose Geldstücke; im ganzen hatte ich jetzt zweihundert Friedrichsdor.

Ich war wie im Fieber und schob diesen ganzen Haufen Gold auf Rot – und kam plötzlich zur Besinnung! Nur dieses eine Mal während des ganzen Abends, während des ganzen Spiels lief mir die Angst als kalter Schauer über den Rücken und ließ meine Hände und Füße zittern. Mit Entsetzen empfand und erkannte ich, was für mich jetzt ein Verlust bedeutete! Ich hatte ja mein ganzes Leben aufs Spiel gesetzt!

›Rouge!‹ rief der Croupier, und ich holte Atem; es war mir, als ob feurige Ameisen über meinen ganzen Körper liefen. Man rechnete mit mir in Banknoten ab; folglich hatte ich schon im ganzen viertausend

Gulden und achtzig Friedrichsdor! (Ich war immer noch imstande, den Rechnungen zu folgen.)

Dann setzte ich, glaube ich, zweitausend Gulden wieder auf die zwölf mittleren Zahlen und verlor; ich setzte mein ganzes Gold und achtzig Friedrichsdor und verlor. Da packte mich die Wut; ich nahm die letzten mir noch gebliebenen zweitausend Gulden und setzte sie auf die ersten zwölf Zahlen – ganz aufs Geratewohl ohne jede Berechnung! In der Erwartung war übrigens ein Augenblick, in dem ich vielleicht dasselbe wie Mme. Blanchard empfand, als sie in Paris vom Luftballon auf die Erde stürzte.

›Quatre!‹ rief der Croupier.

Nun hatte ich wieder sechstausend Gulden. Ich blickte schon wie ein Sieger um mich, ich fürchtete nichts mehr und warf viertausend Gulden auf Schwarz. Die Croupiers wechselten Blicke und Bemerkungen. Ringsherum redete man und wartete.« (Quelle: F. M. Dostojevskij, Der Spieler. Rowohlts Klassiker; Russische Literatur, Band 5, Seiten 107–108. Mai 1960)

Das Kapitel endet mit dem sagenhaften Gewinn von 100000 Gulden und der halb gesprengten Spielbank von Bad Homburg, dem Dostojevskij den Spitznamen »Roulettenburg« gab. Der Dichter wußte sehr wohl, worüber er schrieb: Zehn Jahre lang war er dem Spiel verfallen und lebte den überwiegenden Teil seines Lebens in mehr als ärmlichen Verhältnissen. So diktierte er, um von seinen enormen Schulden loszukommen, den »Spieler« innerhalb von 25 Vormittagen, während er den Rest der Tage und Nächte in einem ärmlichen Wiesbadener Hotelzimmer an seinem Meisterwerk »Schuld und Sühne« arbeitete. Immerhin hatte er nur wenige Monate davor die Flucht vor seinen Gläubigern ins Ausland angetreten und das gesamte Honorar in Höhe von 3000 Rubel, das ihm sein Verleger für die komplette Ausgabe seiner Werke bezahlt hatte, während fünf Tagen im Wiesbadener Casino verspielt.

Was der Dichter im Jahre 1865 beschrieben hatte, war nicht ganz neu: Die ersten Zeugnisse des Glücksspiels stammen aus dem China der Epoche 2300 v. Chr., fortgesetzt wurden sie in der

Zeit der überlieferten Spielleidenschaft der alten Germanen, und einen vorläufigen Höhepunkt erreichte die Geschichtsschreibung bei Kaiser Nero, der als völlig entfesselter und entsprechend verlustreicher Spieler bekannt war.

Roulette in seiner heutigen Form soll angeblich der Mathematiker und Mitbegründer der Wahrscheinlichkeitsrechnung Blaise Pascal (1623–1662) erfunden haben, dem ein Missionar ein dem Roulette ähnliches Spiel aus China mitgebracht haben soll. Was der honorige Wissenschaftler sicherlich nicht beabsichtigt hatte, als er den Kessel zunächst zu rein zufallsmathematischen Forschungszwecken baute, trat ein: Schon bald darauf kam es, besonders in England und Frankreich, zu exzessiven Ausuferungen, die zu einer raschen Folge von behördlich angeordneten Schließungen und Wiedereröffnungen der damaligen Spielcasinos führten. In Deutschland entstanden im 18. Jahrhundert die Spielbanken von Baden-Baden, Wiesbaden und Bad Homburg, letztere wird als »Mutter von Monte Carlo« bezeichnet. Im Jahre 1868 wurden die Casinos als »Brutstätten von Korruption und Kriminalität« vom Norddeutschen Bund verboten und vier Jahre darauf endgültig geschlossen. An dieser relativ langen Zeitspanne zwischen Verbot und Schließung kann ersehen werden, welch mächtige Lobby schon seinerzeit den Spielbetrieben zur Seite stand.

Doch einmal angestachelt, mußte die Spekulation um das schnelle Geld irgendwie weitergehen, so daß zu dieser Zeit, in der selbst die Lotterie verboten war, ein wahrer Run auf Pferderennwetten einsetzte – wie Pilze schossen vor allem in den Großstädten die Wettbüros aus dem Boden, um den Spielbetrieb der infizierten Hasardeure zu befriedigen. Wer dieser Variante des Spiels überhaupt nichts abgewinnen konnte – immerhin verlangt das Spiel auf dem Rennplatz bei höheren Chancen auch mehr Sachkenntnis –, mußte nach Monte Carlo ausweichen, das bereits zu dieser Zeit zu einem illustren Treffpunkt für alles, was Rang und Namen hatte, geworden war (von den gegen Ende des vergangenen Jahrhunderts jährlich knapp eine viertel Million zählenden Spielgästen des monegassischen Casinos gaben sich ebenfalls jährlich einige hundert Bankrotteure noch an Ort und Stelle die Kugel).

Aus steuerpolitischen Gründen wurden zu Anfang des 20. Jahrhunderts in Deutschland die strengen Glücksspielgesetze nach und nach wieder gelockert, verschiedene Lotterien genehmigt und bald auch der Betrieb von Spielbanken wieder zugelassen: Das Ostseebad Zoppot im Freistaat Danzig erhielt im Jahre 1919 die erste Konzession für ein Spielcasino. Doch es sollte noch bis zum Beginn des »Dritten Reichs« dauern, bis sich weitere Spielbanken – vornehmlich in grenznahen und von Ausländern frequentierten Kur- und Badeorten – hinzugesellten, und im Jahre 1934 begann der legale Spielbetrieb auch in Österreich mit dem Casino Baden bei Wien.

Drei Jahre vorher wurde in den Vereinigten Staaten der Grundstein für die wundersame Verwandlung des armseligen Wildwestdorfs Las Vegas, in dem sich die Roulettekessel seit dem am 1. Oktober 1910 in Kraft getretenen Glücksspielverbot nur gegen Losungswort drehten, gelegt: Der Bundesstaat Nevada hob das Glücksspielverbot auf. Mehr als 1000 Casinos mit insgesamt 1650 grünen Tischen und 371 000 Automaten, knapp 50000 Hotelbetten sowie 25 Kapellen (für 20000 Eheschließungen pro Jahr) hat die rund 60000 Einwohner zählende »größte Spielhölle der Welt« den jährlich rund 13 Millionen Besuchern zu bieten, die etwa zwei Milliarden Dollar aufs Spiel setzen und von denen geschätzte 95 Prozent als Verlierer wieder nach Hause fahren – auf dem Strip, wie die etwas über fünf Kilometer lange Hauptstraße von Las Vegas genannt wird, kann rund um die Uhr gesetzt werden. *»You play. We pay«* – mit diesem werbewirksamen Motto werden die Gäste angelockt, und in der Tat verlangt man in Las Vegas keine Eintrittsgelder, sondern serviert vielmehr kostenlose Drinks, Zigaretten, Telefoneinheiten und Geschenk-Jetons, ausgesprochen billige Mahlzeiten sowie weltberühmte Showstars, die sich standhaft weigern, neuen Talenten Platz zu machen.

Im Jahre 1933 wurde die seit 1824 im »Maison de la Conversation« oder Kurhaus ansässige Spielbank von Baden-Baden wiedereröffnet, die eines der ältesten und zugleich schönsten Casinos der Welt ist. Im August 1944 ordnete die Reichsregierung das Ende des Spielbetriebs in dem als Staatsunternehmen geführten Casino an, acht Monate später rückte die 1. Französische Armee ein und machte Baden-Baden zum Hauptquartier der französischen Besatzungszone.

Der nachstehende Auszug aus dem »Goldenen Buch« des weltberühmten Casinos, das am 1. April 1950 mit 45 Croupiers und 4 grünen Tischen den Betrieb in 3 Sälen wiederaufnahm, spricht für sich – heute spielt man in Baden-Baden in 9 Sälen an 38 Tischen, wobei 350 Mitarbeiter um die über eine halbe Million Gäste pro Jahr bemüht sind:

Adamo ✦ Rudi Altig ✦ Lale Andersen ✦ Maurice André ✦ Walter Arendt ✦ Markgraf Berthold von Baden ✦ Josephine Baker ✦ Ewald Balser ✦ Rita Baran/Paul Falk ✦ Prof. Barnard ✦ Dr. Peco Bauwens ✦ Dr. Berthold Beitz ✦ Monique Berlioux ✦ Alain Bernheim ✦ Willi Birgel ✦ Roberto Blanco ✦ Werner Bochmann ✦ Dieter Borsche ✦ Jean-Claude Brialy ✦ Heidi Brühl ✦ Ursel Brunner ✦ Grace Bumbry ✦ Aenne Burda ✦ Rudi Carrell ✦ Prof. Dr. Karl Carstens ✦ Lisa della Casa ✦ Marlène Charell ✦ Nancy Chase ✦ R. Coudenhove-Kalergi ✦ Gottfried von Cramm ✦ Willy Daume ✦ Karl Ludwig Diehl ✦ Marlene Dietrich ✦ Wilfried Dietrich ✦ Nico Dostal ✦ Kirk Douglas ✦ Fritz Drechsler ✦ Ida Ehre ✦ Heinz Erhardt ✦ Dr. Helmut Engler ✦ Douglas Fairbanks jr. ✦ Werner Fink ✦ Gert Fröbe ✦ Hans Frömming ✦ Monique Garnier-Lancon ✦ Barnabas von Géczy ✦ Hans-Dietrich Genscher ✦ Manfred Germar ✦ Eberhard Gienger ✦ Anne-Aymone Giscard d'Estaing ✦ Gitte ✦ Jürgen Grabowski ✦ Kurt Goetz/Valerie von Martens ✦ Hans Habe ✦ Budy Haecker ✦ Françoise Hardy ✦ Norman Hartnell ✦ Armin Hary ✦ O.E. Hasse ✦ Johannes Heesters ✦ Jutta Heine ✦ Sepp Herberger, Fritz Walter und die Weltmeisterelf 1954 ✦ Edith Herdegen ✦ Ursula Herking ✦ Hans Herrmann ✦ Willi Holdorf ✦ James Howard ✦ König Hussein ✦ Bibi Johns ✦ Curd Jürgens ✦ Charles Kalman ✦ Emmerich Kalman ✦ Liesel Karlstadt ✦ Erhard Keller ✦ Begum Aga Khan ✦ Gustav Kilian ✦ Lord Killanin ✦ Kilius/Bäumler ✦ Hans-Joachim Klein ✦ Hildegard Knef ✦ Gustav Knuth ✦ Johanna von Koczian ✦ Fritz Kortner ✦ Hilde Krahl ✦ Werner Krauss ✦ Peter Kreuder ✦ Harald Kreutzberg ✦ Radna Krishan ✦ Ruth Maria Kubitscheck ✦ Hans-Joachim Kulenkampff ✦ Prinz Sopsaisana von Laos ✦ Dalia Lavi ✦ Max Leibelt ✦ Robert Lembke ✦ Theo

Lingen ✦ Frederik Loewe ✦ Helmut Lohner ✦ Felix Graf von Luckner ✦ Joseph Luns ✦ Tsirana von Madagaskar ✦ Curzio Malaparte ✦ Marek und Vacek ✦ Winnie Markus ✦ Roderisch Menzel ✦ Max Merkel ✦ Hans Messemer ✦ Rosi Mittermaier ✦ Marta Mödl ✦ Kurt Molnar ✦ Werner Graf von Moltke ✦ Gerd Müller ✦ Fritz Muliar ✦ Günther Netzer ✦ Harald Norpoth ✦ Hazy Osterwald ✦ Dr. Guntram Palm ✦ Maharadscha von Patiala ✦ Schah von Persien und Kaiserin Soraya ✦ Roberta Peters ✦ Prinz Philip ✦ Prince Louis de Polignac ✦ Erich Ponto ✦ Dr. Hendrikh Popov ✦ Prinz Louis Ferdinand und Prinzessin Kira von Preußen ✦ Liselotte Pulver/Helmut Schmidt ✦ Will Quadflieg ✦ Farida Rahme ✦ Real Madrid mit Puskas und di Stefano ✦ Paul Stuck von Rednizeck ✦ Regine ✦ Willy Reichert ✦ S.E. Señor Don Oscar Ribas Reig ✦ Charlie Rivel ✦ Heide Rosendahl ✦ Hans Rosenthal ✦ Helge Roswaenge ✦ Anneliese Rothenberger ✦ Françoise Sagan ✦ Toni Sailer ✦ Juan Antonio Samaranch ✦ König Ibn Saud ✦ Heinz Schenk ✦ Heidi Schmid ✦ Albrecht Schoenhals ✦ Don Schollander ✦ Bubi Scholz ✦ Uta Schorn ✦ Karl-Heinz Schroth ✦ Emilio Schubert ✦ Rosita Serrano ✦ Elke Sommer ✦ Lothar Späth ✦ Ursula Späth ✦ Prinz Juan Carlos von Spanien ✦ Kenneth Spencer ✦ Guiseppe di Stefano ✦ Robert Stolz ✦ Dr. Eduard Strauss ✦ Hans Stuck ✦ Hans-J. Stuck ✦ Fritz Szepan ✦ Tatrai-Quartett Budapest ✦ Georg Thoma ✦ Premierminister Pièrre Trudeau ✦ Philibert Tsiranana ✦ Catherina Valente ✦ Esther Villar ✦ Jersey Joe Walcott ✦ Martin Walser ✦ Liesel Westermann ✦ Willi Weyer ✦ Thornton Wilder ✦ Herzog und Herzogin von Windsor ✦ Klaus Wolfermann ✦ Rolf Wolfshohl ✦ Helmut Zacharias ✦ Präsident Mobutu von Zaire ✦ Sonja Ziemann

Bereits an dieser Stelle soll eine wohlgemeinte Warnung an den Casinoneuling ergehen, der sich durch wohlklingende Namen und Presseveröffentlichungen über außergewöhnliche Gewinne einlullen läßt: Die Chancen stehen ausgesprochen schlecht, sich mit Hilfe des Roulettespiels seinen Lebensunterhalt zu verdienen. Die mathematische Betrachtung des Zufalls hat längst ergeben, was ein bekannter Spielerspruch mit bitterer Ironie ausdrückt: *»Nur derjenige gewinnt, der nicht spielt!«* Und wenn beispielsweise der vom Medienplayboy zum Profiphotographen avancierte Gunter Sachs an verschiedenen Spieltischen angeblich mehrere Millionen Mark gewonnen hat, so sollten Sie stets bedenken: Zum einen spielt der eifrige Kunstsammler mit bis zu fünfstelligen Einsätzen pro Coup, und zum anderen verfügt der Industrieerbe durch den Verkauf seiner Anteile über ein gesundes Polster, das ihm auch ohne Roulette ein sorgenfreies Leben garantierte. Unter diesem Motto sollten Sie auch nicht den unter Umständen verhängnisvollen Fehler begehen, die vorstehend genannten Gäste der Spielbank Baden-Baden falsch einzuordnen: Wohl keiner dieser Menschen ist durch besondere Leistungen am Roulettespieltisch prominent geworden – sie waren es bereits, bevor sie sich im »Goldenen Buch« verewigt haben.

Die Spielbankbetreiber

§ 284. Unerlaubte Veranstaltung eines Glücksspiels.

(1) Wer ohne behördliche Erlaubnis öffentlich ein Glücksspiel veranstaltet oder hält oder die Einrichtungen hierzu bereitstellt, wird mit Freiheitsstrafe bis zu zwei Jahren oder mit Geldstrafe bestraft.

(2) Als öffentlich veranstaltet gelten auch Glücksspiele in Vereinen oder geschlossenen Gesellschaften, in denen Glücksspiele gewohnheitsmäßig veranstaltet werden.

Gegen diesen Paragraphen des deutschen Strafgesetzbuchs wird, insbesondere in Unterweltkreisen, munter verstoßen, aber auch in Österreich oder der spielbanklosen Schweiz werden die entsprechenden Vorschriften nicht so genau genommen. So wurden im Jahre 1987 allein in München 18 illegale Etablissements geschlossen, und der Anfang Juli 1988 aufgeflogene »Tunesische Freizeitklub« war bereits der 11. Spielsalon, gegen den im Jahre 1988 in dieser Stadt vorgegangen wurde. Unbekannt bleibt die Dunkelziffer der Spielhöllen und somit auch die exakte Zahl der Spieler sowie die Höhe des hierbei getätigten Umsatzvolumens – Zahlen, die in den offiziellen Statistiken nicht berücksichtigt werden können.

Für den ordentlichen Betrieb einer Spielbank benötigt man in unseren Breiten eine Konzession, deren Erteilung in Deutschland den Innenministern der Länder obliegt. Obwohl das Glücksspiel vom Staat im Prinzip als eine gefährliche und deshalb unerwünschte Beschäftigung eingestuft wird, muß er Casinos in begrenztem Umfang zulassen, da sich die Spielleidenschaft der Bevölkerung als unausrottbar erwiesen hat. An dieser fürsorglichen Komponente, eine der größten Gefahren für Leib und Seele der Bürger in überschaubare und meßbare Bahnen zu lenken, haftet ein schmackhaftes Bonbon, das ebenfalls meßbar ist, von den Spielern jedoch meist nicht beachtet wird: Der Staat kassiert in der Regel 80 Prozent der Bruttospielerträge in Höhe von ungefähr einer Milliarde Mark, also ungefähr eine dreiviertel Milliarde Mark pro Jahr. Der österreichische Finanzminister holt sich von den rund 150 Millionen Mark Bruttospielerträgen der »Casinos Austria« sogar 91 Prozent, also um die 135 Millionen Mark, in die Kassen. Betrachten Sie in diesem Zusammenhang die im außereuropäischen Ausland üblichen Abgaben von unter 10 Prozent, so wird klar, daß der Spieler hierzulande nicht gegen die Bank, sondern gegen den Finanzminister spielt.

Was aber geschieht mit den restlichen 20 Prozent beziehungsweise in Österreich 9 Prozent der Erträge, die die Spielbanken nicht abführen müssen? Nun, dieser »Rest« verbleibt den Konzessionären und stellt eine Rendite dar, die von Eingeweihten auf knapp 100 Prozent geschätzt wird. Daß sich dieser Zweierbund aus Ländern und Konzessionären für immer weitere Casinos stark macht, ist deshalb auch nicht weiter verwunderlich – kaum ein legales Geschäft ist einträglicher und zugleich risikoärmer als das Betreiben einer Spielbank: Zur Debatte stehen seit langem Kassel, Bad Wildungen, Schlangenbad und der Frankfurter Rhein-Main-Flughafen in Hessen sowie Obermosel in Rheinland-Pfalz, hinzu gesellen sich noch Bewerbungsschreiben von Gemeinden, die ebenfalls durch ein Casino aufgewertet werden möchten.

Die Konzessionäre sind jedoch nicht in allen Fällen private Unternehmen – in Bayern beispielsweise (mit Ausnahme von Lindau) macht die Staatliche Lotterieverwaltung in München das Geschäft, mit dessen Führung bayerische Staatsbeamte beauftragt sind. Daß bei den Betreibern nicht unbedingt alles mit rechten Dingen zugehen muß, die Glücksspielmafia auch in unseren Landen zu finden ist, zeigt das jüngste Beispiel der Niedersächsischen Spielbank Hannover/Bad Pyrmont GmbH & Co. KG, die im November 1987 vorübergehende Zahlungsunfähigkeit anmelden mußte. Die auf die Pleite folgende parlamentarische Untersuchung – in der Presse mit dem Titel »Spielbankaffäre« breit wiedergegeben – deckte recht seltsame Vorgänge auf, in die Politiker, Beamte und der Konzessionär Marian Felsenstein verwickelt waren. So soll bereits der Zuschlag für die 1971 erteilte Konzession, für die immerhin 90 Bewerber anstanden, durch »allerbeste Kontakte« zustande gekommen sein. Hilfreich war sicherlich auch ein positives Gutachten über Felsensteins seit 1970 stagnierende Textilladenkette, mit dem ein privat mit dem Lizenzinhaber bekannter Wirtschaftsprüfer für die nötige Bonität sorgte. Das Ende war bereits vorprogrammiert, denn obwohl der mit 27,5 Prozent beteiligte Mehrheitsgesellschafter pro Jahr rund 1,4 Millionen Mark Nettogewinnanteil und ungefähr weitere 600 000 Mark für den Vorsitz im Aufsichtsrat einstrich, machte die mittlerweile bankrotte Textilfirma zweistellige Millionenverluste. Und nun geschah etwas, das einer komischen Tragik nicht entbehrt: Der Konzessionär vertauschte getreu dem Casinomotto ». . . denn abends ist der Tag noch längst nicht gelaufen« den sicheren Chefsessel mit dem grünen Tisch und begann selbst zu spielen, wobei er mit Einsätzen bis zu 100 000 Mark hantierte und schließlich vom niedersächsischen Innenministerium Hausverbot in den Casinos des Bundeslandes erhielt. Über den gesamten Umfang von Schmiergeldern, Schiebung und dem an sich genehmigungspflichtigen Handel mit Spielbankunterbeteiligungen (Verkaufswert eines Anteils mindestens 625 Prozent) wird nach wie vor spekuliert – fest steht für den Untersuchungsausschuß, daß das Casino von seinem eigenen Konzessionär buchstäblich geplündert wurde: Jetons für den Eigenbedarf bezahlte Felsenstein mit Schecks der Spielbank, ungedeckte Schecks seiner Pleitefirma verwandelten sich an der Casinokasse in Bargeld oder gedeckte Spielbankschecks.

Ähnliche Zustände sollen in österreichischen Casinos geherrscht haben, bevor der damals erst 32jährige Expolitiker und Wirtschaftswissenschaftler Dr. Leopold Wallner im Jahre 1968 als Generaldirektor und Alleinvorstand das Kommando über die Österreichische Spielbanken AG übernahm. Mit viel Einfühlungsvermögen in die alpenländische Mentalität und meisterhaftem Know-how führte »Super-Leo« das Unternehmen, das über 11 inländische Betriebe, Beteiligungen an mehreren ausländischen Spielbanken und über 30 Schiffscasinos verfügt, zur weltgrößten Spielbankkette sowie entsprechenden Zuwachsraten. Kanada und China stehen auf dem Programm der zukünftigen Aktivitäten, und von den »Casinos Austria« entwickelte Rouletteapparate sollen demnächst sogar die Rückenlehnen von Langstrecken-Jets zieren.

Doch nicht nur der Profit, der sich auch in der Förderung des Fremdenverkehrs niederschlägt, beflügelt den Patrioten Wallner bei seiner erfolgreichen Tätigkeit: Neben SOS-Kinderdörfern werden sportliche sowie kulturelle Aktivitäten gesponsert und, mit einem nicht unerheblichen Anteil des Gewinns, der Verein »Anonyme Spieler« subventioniert. Honorig auch die Grundregeln der Wallnerschen Firmenphilosophie, die nicht nur auf dem Papier stehen, sondern tatsächlich realisiert werden:

---

1. Das Glücksspiel muß »entdämonisiert« werden und zu einem »Geschäft mit der gebremsten Leidenschaft« werden.
2. Die Kugel rollt ehrlich und nobel.
3. Nur die geschorenen, nicht die geschlachteten Schäfchen kommen wieder.
4. Ich will unter keinen Umständen an Selbstmorden und spektakulären Konkursen schuld sein.

Croupiers – ohne sie geht nichts

Ihr Aufgabenbereich ist mit »Gehilfe des Bankhalters im Spielsaal« definiert, doch hin und wieder kommt es vor, daß die Croupiers auch einmal einem Spieler gewinnträchtig zur Seite stehen: So geschehen zum Beispiel von 1984 bis 1985 im Casino von Wiesbaden, als sich ein Berliner Amtsrichter von einem Exkommilitonen, der den Croupier-Beruf ergriffen hatte, unter die Arme greifen ließ. Die beiden arbeiteten nach dem simplen Trick, daß der Richter sehr undeutlich eine Zahl nuschelte, die der Croupier ebenso undeutlich wiederholte – fiel dann eine Zahl, erhielt der Spieler in jedem Fall einen Stapel Jetons. Neun Croupier-Kollegen mußten hierbei geschmiert werden, und die Bande flog erst auf, als der Spielleiter des Casinos Verdacht schöpfte und das Wiesbadener Glücksspieldezernat seine erfolgreichen Ermittlungen abschließen konnte.

Dieser Fall, nicht der erste und sicherlich auch nicht der letzte in der Kriminalgeschichte, hat eine kleine Vorgeschichte: Die zwischen 2500 und 3000 deutschen Croupiers werden – sieht man von dem unbeachtlichen Fixgehalt ab – vorwiegend durch das Trinkgeldaufkommen bezahlt, den sogenannten Tronc. In der Regel werden 75 Prozent des Tronc nach einem bestimmten Punktesystem an die Croupiers verteilt, während mit den restlichen 25 Prozent die Fixgehälter der Verwaltungsangestellten und Saaldiener bestritten werden. Im Wiesbadener Fall verhielt es sich so, daß sich der Konzessionär Carol Nachman im Jahre

1980 zwei Mitkonzessionäre ins Haus holte, den Hotelkettenkönig Egon Steigenberger und den Baulöwen Ignatz Bubis. Geschäftsführer mit einem Jahresgehalt von 230000 Mark wurde Steigenbergers Schwiegersohn, und der Gastronom selbst lieferte das Kantinenessen gegen anteilige Personalkosten seiner Küche in Höhe von 700000 Mark – beide Summen wurden dem Tronc entnommen: ein Umstand, der die Hemmschwelle der betrügerischen Croupiers sicherlich herabsetzte.

In Österreich entspricht der Tronc der sogenannten Cagnotte, aus der alle Spielbankbeschäftigten bezahlt werden, wobei die Croupiers bei Black Jack und American Roulette zusätzlich noch am Umsatz beteiligt werden. In den Spielhöllen von Las Vegas, Reno und Atlantic City, wo die Angestellten von den Bruttogewinnen bezahlt werden und den als »Dealer« bezeichneten Croupiers das Trinkgeld alleine gehört, herrschen allerdings rauhe Sitten, wenn es um die jährlich zu erneuernde Unbedenklichkeitsbescheinigung, die sogenannte »Clearance«, der ständig von Videokameras überwachten Casinomitarbeiter geht: Ob Putzfrau, Zimmermädchen oder Casinomanager, jeder muß allzeit damit rechnen, daß Kommandos der Casino Control Commission ihr Recht zur überraschenden privaten Hausdurchsuchung in die Tat umsetzen, um »verlorengegangene« Jetons oder unerklärliche Bargeldbündel aufzuspüren.

Mit circa 1000 Mark Anfangsgehalt und 3000 bis 5000 Mark Bruttogehalt nach drei Berufsjahren – die Arbeitskleidung muß übrigens selbst bezahlt werden – liegen die Croupiers nicht gerade bei den Spitzenverdienern, insbesondere wenn man das strenge Auswahlverfahren betrachtet: Ein Alter von 20 bis 25 Jahren bei der Bewerbung, Unbescholtenheit, gepflegtes Äußeres mit perfekten Umgangsformen, visuelles Gedächtnis, Fingerfertigkeit, Abitur oder Berufsabschluß sowie Fremdsprachenkenntnisse müssen die Aspiranten vorweisen können, um überhaupt zu einem mehrmonatigen Auswahlkurs zugelassen zu werden. Nachdem hierbei nochmals rund 80 Prozent der angehenden Spieltechniker durch den Rost fallen, dauern die sogenannten Aufbaukurse bis zum Abschluß der Berufsausbildung bis zu drei Jahren.

Und obwohl dem Beruf des Croupiers ein gewisser Ruch anhängt – immerhin ist die Verlockung zum simplen Betrug wegen der umfassenden Zugriffsmöglichkeiten recht groß, und bei fast allen bisher aufgedeckten Machenschaften war mindestens ein Croupier mit im Spiel –, ist der Spieltechniker, besonders für den Casinoneuling, eine Respektsperson. Doch auch hier gilt, daß es traurige Ausnahmen gibt, die Anfängern mit besonderer Arroganz begegnen und sogar mit Anzüglichkeiten nicht zurückhalten. In einem begründeten Fall sollten Sie selbstverständlich und unverzüglich bei der Direktion vorsprechen, der stets daran gelegen ist, ausschließlich das beste Personal zu beschäftigen. Streitigkeiten um Jetons und Gewinne regelt der an der Kesselseite etwas erhöht sitzende Tischchef, der meist ein wenig gelangweilt aussieht, dem aber dafür um so weniger entgeht.

Nicht jeder Gast spielt

Anders als bei den rund 25 000 Spielhallen in der Bundesrepublik, deren Umsätze in Milliardenhöhe allein vom jeweiligen Wirt und dem Betreiber beziehungsweise Automatenaufsteller ans Finanzamt gemeldet werden, sind in den Casinos die Vertreter des Fiskus unmittelbar mit dabei. Recht unauffällig, sind sie allenfalls auszumachen, wenn ein Tisch nach eingespieltem Ritual eröffnet oder geschlossen wird und das sogenannte »Lageteam« – bestehend aus mindestens einem protokollführenden Finanzbeamten, dem Saalchef, dem Kassier und den vier Croupiers – das Spielkapital, die Umsätze und den Tronc überprüft. Zwei bis vier Finanzbeamte sind in jeder Spielbank ständig anwesend, in Berlin sorgen sogar zwölf Beamte für die rechtmäßige Abrechnung der Abgaben. Für die Gäste zwar nicht sichtbar, sind die Berliner Steuereintreiber beim »Kleinen Spiel« im Hotel Steigenberger besonders sorgfältig: Die Automaten sind doppelt verschlossen, und der Spielbankkassier kann nur gemeinsam mit einem Finanzbeamten an die eingeworfene Münzsammlung.

Noch eine andere Besuchergruppe tummelt sich unter den Spielern und beobachtet vor allem diejenigen, denen das Glück nicht in dem Maße zur Seite steht, wie es eigentlich erwünscht wäre. War früher der Strand von Monte Carlo mit rund um die Uhr geöffneten Pfandleihen gesäumt, kommen illegale Geldverleiher heute direkt an den grünen Tisch. Und sie machen gute

Geschäfte, denn die Casinos geben – von Ausnahmen abgesehen – keinen Kredit. Mit zehn Prozent Zins pro Tag (aus 1000 Mark werden nach einem Jahr 37 500 Mark) liegen die Wucherer natürlich weit im juristisch sittenwidrigen Bereich, und gerade diese Gewinnspanne verführt sogar manchen Angestellten eines Casinos dazu, es dem gewerbsmäßigen Kredithai gleichzutun. Falls Sie sich vor rauhen Eintreibemethoden nicht fürchten, können Sie jedoch getrost auf solche Wucherzinsen eingehen, da nach unserer Rechtsprechung und insbesondere gemäß § 138 Bürgerlichen Gesetzbuchs derartige Rechtsgeschäfte nichtig sind: Zurückbezahlt werden muß allein die Darlehenssumme. Selbstverständlich versuchen alle Casinos – zumindest die europäischen – ihre »heiligen Hallen« von illegalen Geldverleihern oder wandelnden Pfandhäusern freizuhalten, doch mehr als ein Hausverbot riskieren die geschäftstüchtigen Gäste bei ihrer Tätigkeit nicht.

Von sexueller Stimulation berichten viele Spieler, die sie beim gewinn- oder verlustreichen Spiel ergreift und somit eine dankbare Angriffsfläche für die dritte Gruppe bietet, die in den Spielbanken recht häufig anzutreffen ist. Im Hamburger Casino, so munkelt man, seien besonders viele Freudenmädchen auszumachen, die sich der leidenschaftlichen Spieler annehmen und dafür sorgen, daß sie von ihrem Gewinn nicht allzuviel nach Hause tragen. Da die Prostitution nach wie vor nicht vom Glücksspiel zu trennen ist, haben die Amerikaner längst schon die Segel gestrichen: Auf dem »Strip« von Las Vegas beispielsweise hat das horizontale Gewerbe einen behördlich geduldeten Arbeitsplatz, und man folgt hier traditionsbewußt der Infrastruktur alter Boomtowns des 19. Jahrhunderts: Im Oktober 1907 verbreitete sich die Nachricht von Goldfunden bei einem Ort namens Rawhide im westlichen Nevada. Knapp sechs Monate später war der ärmliche Ort zur Stadt angewachsen und zählte 28 Restaurants, 30 Hotels, 10 Barbierläden, 125 Maklerbüros, die mit Minenanteilen handelten, 2 Kirchen, 40 Salons (Poker, Faro, Roulette) sowie ein 400 Meter langes Bordellviertel, das den eigenwilligen Namen Feuerflunderschlucht trug.

Auf Ihre Brieftasche aufpassen sollten Sie als männlicher Spielgast grundsätzlich in außereuropäischen Casinos, wenn besonders hübsche Mädchen mit leichtsinnig hohen Einsätzen und erstaunlichen Gewinnen leere Tische zu füllen versuchen. In der Regel handelt es sich hierbei um angestellte Lockvögel, die mit dem Kapital des Casinos spielen und ebenso hoch mitspielende Gäste bereitwillig mit ihren privaten Telefonnummern beglükken.

Roulettespielregeln

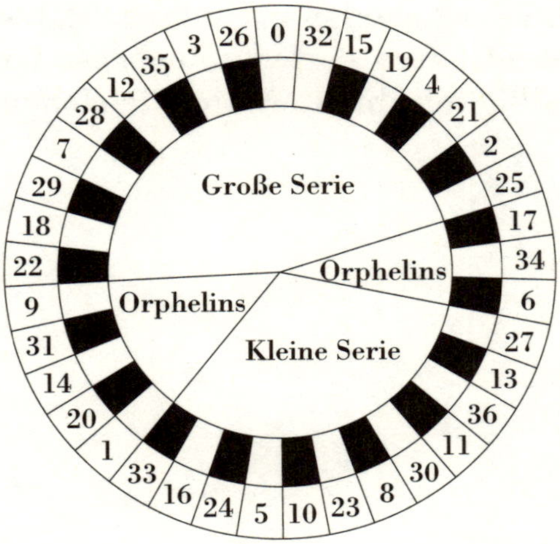

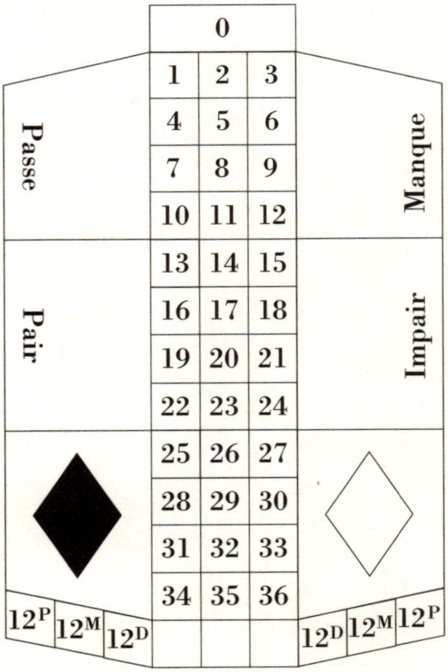

Gewinnplan

	Plein	35facher Einsatz
	Cheval	17facher Einsatz
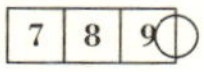	Transversale pleine	11facher Einsatz
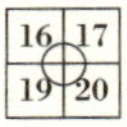	Carré	8facher Einsatz
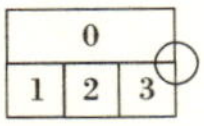	Carré Erste vier	8facher Einsatz
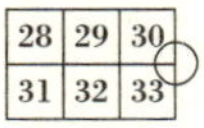	Transversale simple	5facher Einsatz
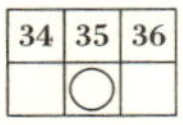	Kolonne	2facher Einsatz
	Dutzend	2facher Einsatz
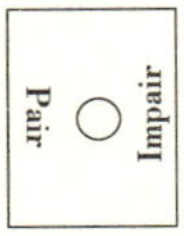	Einfache Chance Gerade und ungerade Nummer	1facher Einsatz
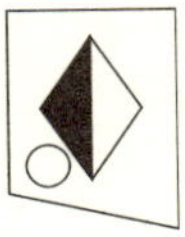	Einfache Chance Rot oder Schwarz	1facher Einsatz
	Einfache Chance Manque (1–18) Passe (19–36)	1facher Einsatz

Minimum und Maximum in Deutschland

	Verschiedene Tische		
Mindesteinsatz alle Chancen:	DM 5,–	DM 10,–	DM 20,–
Höchstsätze wie folgt:	DM	DM	DM
A. Plein	170,–	350,–	500,–
B. A cheval	350,–	700,–	1100,–
C. Transversale pleine	550,–	1100,–	1700,–
D. Carré	750,–	1500,–	2300,–
E. Die ersten 4 Nummern	750,–	1500,–	2300,–
F. Transversale simple	1200,–	2400,–	3600,–
G. Eine Kolonne von 12 Nummern	3000,–	6000,–	9000,–
H. Für ein Dutzend	3000,–	6000,–	9000,–
I. Einfache Chancen	6000,–	12 000,–	18 000,–

Höchst- und Mindesteinsätze in Österreich

Bei einem Minimum von	S 20,–	S 50,–	S 100,–	S 200,–
beträgt das Maximum auf				
Einfache Chancen	S 24 000,–	60 000,–	120 000,–	240 000,–
Dutzende und Kolonnen	S 12 000,–	30 000,–	60 000,–	120 000,–
Transversale simple	S 4800,–	12 000,–	24 000,–	48 000,–
Carré	S 3000,–	7500,–	15 000,–	30 000,–
Transversale pleine	S 2200,–	5500,–	11 000,–	22 000,–
A cheval	S 700,–	1700,–	7000,–	7000,–

Ansagen-Annoncen

Große Serie	Serie 0, 2, 3	9 Stücke
Kleine Serie	Serie 5/8	6 Stücke
Orphelins		5 Stücke
Finalen (en plein)	0, 1, 2, 3, 4, 5, 6	4 Stücke
Finalen (en plein)	7, 8, 9	3 Stücke
Finalen (à cheval)	0–1, 1–2, 2–3, 4–5, 5–6	5 Stücke
Finalen (à cheval)	0–3, 1–4, 2–5, 3–6, 7–8, 8–9	4 Stücke
Finalen (à cheval)	4–7, 5–8, 6–9, 7–10, 8–11, 9–12	3 Stücke

Für alle anderen Spiele müssen die Nummern angesagt werden.

Nebennummern

12	35	3	26	0	32	15	19	4
5	24	16	33	1	20	14	31	9
15	19	4	21	2	25	17	34	6
7	28	12	35	3	26	0	32	15
0	32	15	19	4	21	2	25	17
30	8	23	10	5	24	16	33	1
2	25	17	34	6	27	13	36	11
9	22	18	29	7	28	12	35	3
13	36	11	30	8	23	10	5	24
1	20	14	31	9	22	18	29	7
11	30	8	23	10	5	24	16	33
6	27	13	36	11	30	8	23	10
18	29	7	28	12	35	3	26	0
17	34	6	27	13	36	11	30	8
16	33	1	20	14	31	9	22	18
3	26	0	32	15	19	4	21	2
23	10	5	24	16	33	1	20	14
4	21	2	25	17	34	6	27	13
14	31	9	22	18	29	7	28	12
26	0	32	15	19	4	21	2	25
24	16	33	1	20	14	31	9	22
32	15	19	4	21	2	25	17	34
20	14	31	9	22	18	29	7	28
36	11	30	8	23	10	5	24	16
8	23	10	5	24	16	33	1	20
19	4	21	2	25	17	34	6	27
18	12	35	3	26	0	32	15	19
25	17	34	6	27	13	36	11	30
22	18	29	7	28	12	35	3	26
31	9	22	18	29	7	28	12	35
27	13	36	11	30	8	23	10	5
33	1	20	14	31	9	22	18	29
35	3	26	0	32	15	19	4	21
10	5	24	16	33	1	20	14	31
21	2	25	17	34	6	27	13	36
29	7	28	12	35	3	26	0	32
34	6	27	13	36	11	30	8	23

Roulettefachausdrücke

American Roulette: »Selbstbedienungs«-Variante des Roulette à la française ohne Sitzplätze und mit nur zwei anstatt vier Croupiers (Quick table). Der Wert der durch unterschiedliche Farben »personalized chips« kann selbst bestimmt werden, anschließend müssen die maximal sieben Spieler pro Tisch die Einsätze selbst tätigen. Fällt die Null, werden alle einfachen Chancen geteilt.

Annonce: Ansage des Spielers, wie der Croupier für ihn die Einsätze legen soll. Als »blinde« Annonce wird eine Art des betrügerischen Zusammenspiels von Croupier und Spieler bezeichnet.

Avance: Kurzfristiger Jetons-Vorschuß der Bank an ihr bekannte Spieler.

Boudin: Oberer Rand des Roulettekessels.

Bout de table: Kopf-Croupier, der vor den Dutzendfeldern sitzt und auf der untersten Stufe der Croupier-Karriere steht.

Caissier: Holzkistchen zur Aufbewahrung von Jetons.

Carré: Chance mit vier Zahlen, die ein Quadrat bilden, in dessen Mitte der Einsatz plaziert wird. Die Annonce erfolgt zum Beispiel für das Carré 25, 26, 28, 29 mit »25–29 (Carré)«.

Chance: Die prinzipiellen Setzmöglichkeiten auf dem Tableau, nämlich Plein, Cheval, Transversale pleine, Carré und 0-1-2-3 (»die ersten vier«), Transversale simple, Kolonnen und Dutzende sowie die sogenannten »Einfachen Chancen«, nämlich Rot/Schwarz, Pair/Impair und Manque/Passe.

Chasseur: Saaldiener, der sich um heruntergefallene Jetons bemüht sowie Getränke, Zigaretten und Schreibgerät besorgt.

Chef de table: Tischchef, der etwas erhöht vor dem Kessel sitzt. Er überwacht das Spiel und fällt die Entscheidung bei Streitsätzen.

Cheval: Chance mit zwei neben- oder übereinanderliegenden Zahlen, auf deren Trennungslinie der Einsatz plaziert wird. Die Annonce erfolgt zum Beispiel für die Zahlen 17 und 18 mit »17–18 (à cheval)«.

Colonne: Chance auf zwölf Zahlen in einer Längsreihe (1 bis 34, 2 bis 35 oder 3 bis 36). Der Einsatz wird auf dem freien Feld unter der 34, der 35 oder der 36 plaziert.

Complets: Alle Chancen von einer Zahl mit Ausnahme von Transversale pleine sowie Transversale simple. Für Complets von 20 werden zum Beispiel neun Jetons benötigt: ein Plein (20), vier Cheval (19–20, 20–21, 17–20, 20–23) und vier Carré (16–20, 18–20, 20–22, 20–24).

Coup: Bezeichnet ein Spiel, also den Zeitabschnitt zwischen zwei Kugelwürfen von durchschnittlich drei Minuten (pro Stunde können etwa 20 Coups gespielt werden).

Cylindrier: Dreh- oder Kessel-Croupier, der die Kugel gegen die Drehrichtung der Scheibe einwirft.

Degagieren: Freiräumen des Tableaus von der sogenannten »Masse«, also den Jetons, die bei einem Coup verloren haben.

Dominante: Auffallend, zumindest überdurchschnittlich oft vorkommende Chance.

Douzaine: Chance auf zwölf Zahlen im Rechteck (1 bis 12 = Douzaine première, 13 bis 24 = Douzaine milieu oder 25 bis 36 = Douzaine dernière). Der Einsatz wird auf den entsprechenden Feldern links oder rechts der Zahlen 34 bis 35 plaziert (12^P = erstes Dutzend, 12^M = mittleres Dutzend, 12^D = letztes Dutzend).

Ecart: Punktdifferenz, die dadurch entsteht, daß eine Chance hinter der Gegenchance zurückbleibt. Erscheint zum Beispiel bei zehn Coups siebenmal Rot und dreimal Schwarz, so ergibt sich für Schwarz ein Minus-Ecart von vier Punkten und für Rot ein Plus-Ecart von vier Punkten.

Einfache Chancen: Rot/Schwarz, Pair (gerade Zahlen)/Impair (ungerade Zahlen) und Manque (Zahlen von 1 bis 18)/Passe (Zahlen von 19 bis 36).

Einsatz: Was der Spieler bei einem Coup riskiert. Bei einem Treffer gehört der Einsatz weiterhin dem Spieler.

Equilibre: Gegenteil von Ecart, also das Gleichgewicht oder die gleiche Häufigkeit zweier Teile einer Chance (Ecart = 0).

Faites vos jeux: »Machen Sie Ihr Spiel« – so lautet die Aufforderung der Croupiers, Einsätze zu tätigen.

Finalen: Nummerngruppenspiele en plein oder à cheval, die sich aus übereinstimmenden Endziffern ergeben. Die gängigsten Annoncen lauten:

en plein mit 4 Jetons:

Finale 0	0, 10, 20, 30
Finale 1	1, 11, 21, 31
Finale 2	2, 12, 22, 32

Finale 3	3, 13, 23, 33
Finale 4	4, 14, 24, 34
Finale 5	5, 15, 25, 35
Finale 6	6, 16, 26, 36

en plein mit 3 Jetons:

Finale 7	7, 17, 27
Finale 8	8, 18, 28
Finale 9	9, 19, 29

à cheval mit 5 Jetons:

Finale 0–1	0–1, 10–11, 20–21, 30–31
Finale 1–2	1–2, 11–12, 21–22, 31–32
Finale 2–3	2–3, 12–13, 22–23, 32–33
Finale 4–5	4–5, 14–15, 24–25, 34–35
Finale 5–6	5–6, 15–16, 25–26, 35–36

à cheval mit 4 Jetons:

Finale 0–3	0–3, 10–13, 20–23, 30–33
Finale 1–4	1–4, 11–14, 21–24, 31–34
Finale 2–5	2–5, 12–15, 22–25, 32–35
Finale 3–6	3–6, 13–16, 23–26, 33–36
Finale 7–8	7–8, 17–18, 27–28
Finale 8–9	8–9, 18–19, 28–29

à cheval mit 3 Jetons:

Finale 4–7	4–7, 14–17, 24–27
Finale 5–8	5–8, 15–18, 25–28
Finale 6–9	6–9, 16–19, 26–29
Finale 7–10	7–10, 17–20, 27–30
Finale 8–11	8–11, 18–21, 28–31
Finale 9–12	9–12, 19–22, 29–32

Gagnate: Mitgehen mit der Bank, indem man auf eine oder mehrere beim letzten Coup erschienene Chancen nachsetzt.

Jeton: Wie Banknoten numeriertes Spielgeld, das durch die besondere Verarbeitung – in Europa und den USA – als höchst fälschungssicher gilt. Der Wert eines Jetons wird durch Form und Farbe bestimmt, wer auf Nummer Sicher gehen will, kann sich an der Kasse markierte »Privat-Jetons« ausgeben lassen. In Deutschland können Jetons nur gegen Bargeld oder Euroschecks erworben werden, die »Casinos Austria« akzeptieren auch Kreditkarten.

Kesselfehlerspiel: Durch Abnutzung, ungenaue Kugellager oder wackelnde Stege bedingte höhere Gewinnchance auf bestimmte Zahlen. Erfahrene Kesselfehlerspieler konnten besonders in vergangenen Zeiten ansehnliche Beträge gewinnen, doch wird heutzutage durch ständige Kontrollen der Permanenzen und Austauschen der Kessel der reine Zufall laufend wieder hergestellt.

La boule passe: »Die Kugel wechselt« – hiermit wird angekündigt, daß der Dreh-Croupier abgelöst wird.

Lage: Die Kugel und das Spielkapital eines Tisches, das je nach Maximum zwischen einer viertel Million und eineinhalb Millionen Mark beträgt. Hat die Bank diesen Betrag an die Spieler verloren, muß die sogenannte »Nachlage« angefordert werden.

Les quatre premiers: Chance mit den vier Zahlen 0-1-2-3. Der Einsatz für »die ersten vier« wird am äußeren Rand des Zahlenfelds zwischen 0 und 1 oder zwischen 0 und 3 plaziert.

Louis: Die kleinsten Jeton-Werte: In Deutschland zwei Mark, in Österreich 20 Schilling.

Merci, pour les employés: »Danke, für die Angestellten« – so bedanken sich Croupiers für die Spende, die gleichzeitig ihr Gehalt ausmacht. Üblich ist ein Stück nach einem Treffer auf Plein und ein halbes Stück nach einem Treffer auf Cheval.

Messieurs, à la première: »Meine Herrschaften, das erste Spiel« – lautet die Ankündigung, nachdem ein Tisch eröffnet wurde. Zuvor bedeutet der Saalchef den Croupiers mit »Ça va, Messieurs«, daß sie Platz nehmen dürfen, worauf sie seine positive Antwort auf die Frage »Chef, banque c'est ouvert?« abwarten müssen.

Messieurs, les trois derniers: »Meine Herrschaften, die letzten drei Spiele« – so der Hinweis auf die letzten drei Coups am Tisch. Erfahrungsgemäß erhöhen daraufhin diejenigen Spieler, die nach dem Motto »alles oder nichts« handeln, panikartig ihre Einsätze.

Minimum, Maximum: Mindest- und Höchsteinsätze an den verschiedenen Tischen. In Deutschland existieren vorwiegend Minima von 5, 10 und 20 Mark (in Baden-Baden auch 50 Mark), in Österreich 20, 50, 100 und 200 Schilling, wobei die Maxima beider Länder auf einfache Chancen in der Regel das 1200fache und auf Plein circa das 35fache der entsprechenden Minima betragen.

Orphelins: Auch Waisen genannte Nummerngruppenspiele auf die verbleibenden Zahlen zwischen der großen und der kleinen Serie:

en plein mit 8 Jetons:
1, 6, 9, 14, 17, 20, 31, 34

à cheval mit 5 Jetons:
1, 6–9, 14–17, 17–20, 31–34

Paroli: Einsatz und Gewinn eines Treffers bleiben bei dieser Gewinnprogressionsart für den nächsten Coup stehen.

Permanenz: Darstellung des Spielverlaufs durch Aufzeichnung der geworfenen Gewinnzahlen. Mitschreiben ist heute nicht mehr nötig, da in den meisten Casinos die Permanenzen elektronisch angezeigt werden und somit auch problemlos Übersichtspermanenzen über einen bestimmten Zeitraum ausgedruckt werden können.

Plein: Chance auf eine einzelne Zahl. Der Einsatz wird direkt auf die Nummern von 0 bis 36 plaziert.

Poussette: Das »Stößchen« ist eine betrügerische Handlung, die eine ganze Menge Geschick und Übung erfordert: In der Hoffnung, daß die anderen Gäste und die Croupiers den Lauf der Kugel verfolgen, schiebt der Falschspieler Sekundenbruchteile nach dem Einrasten der Kugel seine Jetons auf die gewinnende Chance.

Rateau: Der Rechen, mit dem die Croupiers in verblüffendem Tempo avancierte Jetons auf dem Tableau verteilen und die Masse abräumen. Wer als Zuschauer oder Spieler direkt hinter einem Croupier steht, muß mit empfindlichen Verletzungen durch den hin und wieder nach hinten herausschießenden Rateau-Griff rechnen.

Rien ne va plus: »Nichts geht mehr« – nach dieser Ankündigung darf der Einsatz auf dem Tableau weder vermehrt, verändert noch reduziert werden.

Roulettespieltisch: Die Tische der französischen Firma Caro mit Sitzplätzen für acht Spieler (Preis inklusive Kessel circa 6000 Mark) sind weltberühmt, die Kessel dieser Firma (Preis circa 5000 Mark) bestreiten wegen ihrer Präzision rund die Hälfte der Weltproduktion.

Serien: Nummerngruppenspiele à cheval, Transversale pleine und Carré (Große Serie: 17 nebeneinanderliegende Kesselzahlen von 22 bis 25) oder nur à cheval (Kleine Serie: 12 nebeneinanderliegende Kesselzahlen von 27 bis 33). Die Annoncen lauten:

Serie 0-2-3 (Große Serie mit 9 Jetons):

Transversale pleine	0-2-3 (belegt mit zwei Jetons)
à cheval	4–7, 12–15, 18–21, 19–22, 32–35 (belegt mit je einem Jeton)
Carré	25–29 (belegt mit zwei Jetons)

Serie 5–8 (Kleine Serie mit 6 Jetons):

à cheval	5–8, 10–11, 13–16, 23–24, 27–30, 33–36

Tournant: Einspringender Croupier, der seinem Kollegen eine Pause ermöglicht.

Transversale pleine: Chance mit drei in einer Querreihe nebeneinanderliegenden Zahlen. Der Einsatz wird auf dem Rand des linken oder rechten äußeren Zahlenfeldes plaziert. Die Annonce erfolgt zum Beispiel für die Reihe 16-17-18 mit »16–18 (Transversale pleine)«. Transversale pleine der Zahlen 0, 1 und 2 wird mit »les trois premiers (die ersten drei)« bezeichnet, die der Zahlen 34, 35 und 36 mit »les trois derniers (die letzten drei)«.

Transversale simple: Chance mit zwei übereinanderliegenden Transversale-pleine-Feldern, also mit sechs Zahlen. Der Einsatz wird auf dem Rand zwischen dem linken oder rechten Zahlenpaar plaziert. Die Annonce erfolgt zum Beispiel für die Doppelreihe 25-26-27-28-29-30 mit »25–30 (Transversale simple)«. Transversale simple der Zahlen 31 bis 36 wird mit »les six derniers (die letzten sechs)« bezeichnet.

Voisins: Linke und rechte Nachbarn der Kesselzahlen, auch Nebennummern genannt. Erfolgt die Annonce beispielsweise mit

»10, ein Nachbar«, so setzt der Croupier insgesamt drei Jetons en plein auf die Zahlen 5, 10 und 23, mit »33, drei Nachbarn« setzt er sieben Jetons en plein auf die Zahlen 5, 24, 16, 33, 1, 20 und 14.

Zéro: »Enfermé, en prison! (Eingesperrt, ins Gefängnis!)« – so bestraft der Croupier die einfachen Chancen, wenn die grüne Null gefallen ist, da sie weder der Rot/Schwarz-, der Pair/Impair- noch der Manque/Passe-Chance angehört, wobei der gesperrte Einsatz jedoch zur entsprechenden Gegenchance gewechselt werden darf. Der Einsatz wird wieder frei, wenn beim nächsten Coup ein Treffer gelandet wird, fällt jedoch die Null ein zweites Mal, kommt der Einsatz in das sogenannte Doppel-Prison. Trifft nun eine Chance, wird der Einsatz zunächst nur in das Einfachgefängnis befördert, fällt die Null zum dritten Mal, geht der gesperrte Einsatz an die Bank. Wem dies als zu kompliziert und zeitaufwendig erscheint, kann sich freikaufen und muß seinen Einsatz nicht sperren lassen: Die sogenannte Partage (Teilung) kostet genau 50 Prozent des Einsatzes – soviel streicht die Bank für diese Gefälligkeit ein.

Sinn und Unsinn von Systemen

Um es gleich vorwegzunehmen und jegliche Hoffnung auf gewinnbringende Systeme zu zerstreuen – Strategien, die dem Spieler Dauergewinne ermöglichen, existieren bislang noch nicht. Auch die ausgesprochen kosten- und zeitintensiven Recherchen einiger Profis nach Kesselfehlern und damit verbundenen Anhäufungen bestimmter Zahlen lohnen nicht, da die Casinos durch ständige Überprüfungen der Permanenzen eine echte Chance vereiteln. Ballistiker, die nach der Methode der »Kesselgucker« arbeiten, indem sie sich den gleichmäßigen Wurf eines favorisierten Croupiers zunutze machen, scheitern zunehmend an den sogenannten Obstacles: Kleine, waagrecht und senkrecht am unteren Kesselrand angebrachte Metallhindernisse bringen den gleichmäßigsten Wurf aus der Ruhe und tragen somit zur Herstellung des erwünschten Zufalls bei.

Trotzdem sollen die klassischen Strategien nicht unerwähnt bleiben, da sie dem wahllosen Spiel zumindest ein wenig überlegen sind. Bedenken Sie dabei jedoch immer, daß sich Glücks- und Pechsträhne beim Roulette die Hand reichen und eine mehr oder weniger gleichmäßige Wellenlinie bilden. Ein Grundsatz von Rouletteprofis lautet daher, bei 25 Prozent Gewinn aufzuhören – ebenso wie natürlich auch ein Tagesverlust unbedingt limitiert sein muß. Sollten Sie also vorhaben, bei einem Casinobesuch 25000 Mark zu gewinnen, sollten Sie mindestens mit 100000 Mark Startkapital antreten. Mit 100 Mark Spielkapital auf ein paar Tausender Gewinn zu hoffen gehört weniger dem Bereich der berechnenden Spekulation als vielmehr dem der Träumerei an – zudem hält diese Illusion bestenfalls nur eine knappe Stunde.

Masse-égale-Spiel

Hierbei werden die Einsätze für alle bespielten Chancen konstant gehalten, unabhängig davon, ob der vorangegangene Coup einen Gewinn oder einen Verlust brachte. Auf Dauer führt diese Strategie erfahrungsgemäß in die Verlustzone, wobei die Auswahl der Chancen keine Rolle spielt. Die meisten Roulettespieler bevorzugen übrigens diese Variante und sichern somit den Löwenanteil der Casinoeinnahmen.

Progressionsspiele

Bei dieser Spielart richten sich die jeweiligen Einsätze nach dem Ergebnis des vorangegangenen Coups, unterschieden wird zudem unter Verlust- und Gewinnprogression, also der Erhöhung der Einsätze nach Verlust- oder Gewinncoups. Progressionsspiele kennen eine Vielzahl von Varianten, die alle zum Ziel haben, die Einsätze abzusichern, und deshalb vom Grundgedanken her sicherlich zu den gewinnträchtigsten Strategien zählen.

Als Beispiel soll die sogenannte »Einfache Martingale« dienen, eine Verlustprogression, die im Prinzip auf allen Chancen praktiziert werden kann. Begonnen wird mit einem niedrig gehaltenen Grundeinsatz. Erfolgt ein Treffer, wird der Gewinn eingezogen und der nächste Coup mit der anfänglichen Satzhöhe wiederholt. Geht jedoch der Einsatz verloren, wird er im folgenden Coup verdoppelt. Diese Verdoppelung erfolgt so lange, bis der nächste Treffer erfolgt: Nach dem Einstreichen des Gewinns wird wieder mit dem Grundeinsatz und – nach einem Verlustcoup – mit der nächsten Progressionsserie begonnen.

Daß auch bei dieser Strategie nicht mit dem Spielkapital gegeizt werden darf, zeigt die folgende Permanenz, bei der auf einfache Chance gesetzt wurde:

Coup	*Einsatz*	*Treffer*	*Platzer*	*Gewinn/Verlust*
1	20,–	x		+ 20,–
2	20,–		x	+/– 0
3	40,–		x	– 40,–
4	80,–		x	– 120,–
5	160,–		x	– 280,–
6	320,–		x	– 600,–
7	640,–		x	–1240,–
8	1280,–		x	–2520,–
9	2560,–		x	–5080,–
10	5120,–	x		+ 40,–

Der Spieler hatte Glück im Unglück, da zum einen ein auffallend lange andauerndes Minus-Ecart für seine Chance bestand und zum anderen ein ausgleichender Treffer gelandet werden konnte, bevor das Maximum erreicht wurde. Der eingespielte Gewinn dürfte in diesem Fall kaum die Spesen decken.

Betrachten Sie nun ein weiteres Beispiel, in dem auf Carré gesetzt wurde:

Coup	*Einsatz*	*Treffer*	*Platzer*	*Gewinn/Verlust*
1	50,–		x	– 50,–
2	100,–		x	– 150,–
3	200,–		x	– 350,–
4	400,–		x	– 750,–
5	800,–		x	– 1550,–
6	1600,–		x	– 3150,–
7	2300,– (Max.)		x	– 5450,–
8	2300,–		x	– 7750,–
9	2300,–		x	–10050,–
10	2300,–	x		+ 8350,–

Hier hat sich die bewiesene Nervenstärke ausgezahlt, und der achtfache Gewinn auf den Einsatz hat nicht nur die Verluste ausgeglichen, sondern zudem noch einen satten Gewinn eingefahren. Doch immerhin waren bei nur zehn Coups über 10000 Mark Spielkapital nötig, dafür betrug der Gewinn über 80 Prozent.

Ein letztes Beispiel zeigt eine Permanenz, bei der wagemutig auf eine volle Zahl gesetzt wurde:

Coup	*Einsatz*	*Treffer*	*Platzer*	*Gewinn/Verlust*
1	5,–		x	– 5,–
2	10,–		x	– 15,–
3	20,–		x	– 35,–
4	40,–		x	– 75,–
5	80,–		x	–155,–
6	160,–		x	–315,–
7	320,–		x	–635,–
8	170,– (Max.)		x	–805,–
9	170,–		x	–975,–
usw.				
49	170,–		x	–7775,–
50	170,–	x		–1995,– (abzüglich Tronc)

Nun, dieser Spieler hatte Pech und wäre bei der Variante »Gedehnte Martingale für höhere Chancen« besser gefahren. Hierbei wird die Progression gestaffelt, was beim Plein-Spiel wie folgt aussieht:

35 Einsätze à 1 Stück
18 Einsätze à 2 Stück
12 Einsätze à 3 Stück
9 Einsätze à 4 Stück
7 Einsätze à 5 Stück
6 Einsätze à 6 Stück

5 Einsätze à 7 Stück
usw. bis zum Maximum

Wie das Spiel mit Hilfe dieser Progressionsart ausgegangen wäre, ist leicht nachvollziehbar:

Coup	*Einsatz*	*Treffer*	*Platzer*	*Gewinn/Verlust*
1	5,–		x	– 5,–
2	5,–		x	– 10,–
usw.				
34	5,–		x	–170,–
35	5,–		x	–175,–
36	10,–		x	–185,–
37	10,–		x	–195,–
usw.				
49	10,–		x	–315,–
50	10,–	x		+ 25,– (abzüglich Tronc)

Kein großer Gewinn, aber immerhin eine funktionierende Absicherung gegen Verluste mit der Chance auf ein wenig mehr Glück: Wäre der Treffer beispielsweise während des 36. Coups erschienen, hätte der Spieler abzüglich eines Stücks für den Tronc 165,– gewonnen.

Parolispiel

Von den Spielbanken gefürchtet, interessanterweise aber von den wenigsten Spielern praktiziert, ist diese Art des Systemspiels, bei der nach einem Treffer der Einsatz zuzüglich dem Gewinn auf der bespielten Chance stehenbleibt. Wird nun wieder gewonnen, ist der einfache Parolisatz abgeschlossen und kann entweder beendet oder als Mehrfachparoli weitergeführt werden. Riskiert wird im Prinzip lediglich – sieht man von den Einsätzen ab – das gewonnene Geld, wobei die Gewinne nach erfolgreichem Paroli überdurchschnittlich hoch sind.

Starke Nerven sind bei dieser Systemart notwendig, die das folgende Beispiel auf Carré-Chance darstellt:

Coup	*Einsatz*	*Treffer*	*Platzer*	*Gewinn/Verlust*
1	30,–		x	– 30,–
2	30,–		x	– 60,–
3	30,–		x	– 90,–
4	30,–		x	– 120,–
5	30,–		x	– 150,–
6	30,–		x	– 180,–
7	30,–		x	– 210,–
8	30,–	x		+ 30,–
9	270,–	x		+ 2 190,–
10	2300,–	(Max.) x		+20 590,–

Ein ordentlicher Gewinn für eine knappe halbe Stunde – doch der Spieler hatte natürlich Glück. Verdient hat er den Gewinn allerdings, denn er hat durch mutiges Paroli im 8. und 9. Coup in der Praxis selten anzutreffende Selbstbeherrschung bewiesen und der Verlockung, die kleineren Gewinne einzuschieben, erfolgreich widerstanden.

Statistiker haben errechnet, daß die Verlustrate für ein einfaches Paroli auf Plein niedriger ist als die für ein Zweifachparoli auf Kolonne oder Dutzend sowie die für ein Vierfachparoli auf einfache Chancen. Im folgenden Beispiel zielt die Spekulation auf ein einfaches Paroli en plein ab, gesetzt werden jeweils 20 Mark auf zehn je nach Permanenzanzeige wechselnde Zahlen (bei einem Treffer wird jeweils ein Stück für den Tronc abgezogen):

Coup	*Einsatz*	*Treffer*	*Platzer*	*Gewinn/Verlust*
1	200,–		x	– 200,–
2	200,–	x		+ 480,–
3	500,– (Max.)		x	– 20,–
4	200,–		x	– 220,–
5	200,–		x	– 420,–
7	200,–	x		– 260,–
8	500,–		x	– 760,–
9	200,–		x	– 960,–
10	200,–		x	– 1 160,–
11	200,–		x	– 1 360,–
12	200,–	x		– 680,–
13	500,–		x	– 1 180,–
14	200,–		x	– 1 380,–
15	200,–		x	– 1 480,–
16	200,–		x	– 1 680,–
17	200,–		x	– 1 880,–
18	200,–		x	– 2 080,–
19	200,–	x		– 1 400,–
20	500,–	x		+15 600,–

Gutes Spiel, Glück und starke Nerven – so könnte man diesen enormen Stundenlohn begründen. Bedenken Sie jedoch, daß Sie im Normalfall sehr viel länger auf ein Paroli en plein warten müssen, was unter Umständen Ihr Spielkapital aufzehren könnte.

Falls Sie in Sachen Gewinn auf Nummer Sicher gehen wollen, müssen Sie entweder Konzessionär werden oder einen sogenannten »Roulettebrief« herausgeben, der dem Spielerheer neue und vor allem vielversprechende Systeme nahebringt. Es ist erstaunlich, auf welche simplen Tricks sogar akademisch trainierte Menschen hereinfallen, wenn es darum geht, dem Zufall ein Schnippchen zu schlagen. Tausende von Mark investieren Roulettefreunde, ohne mit der Wimper zu zucken, für Druckwerke, die allesamt garantieren, daß nach ihrer Lektüre das Sprengen der

Bank ein Kinderspiel wäre – in Wahrheit sind sie nicht einmal das Papier wert.

Deshalb eine Empfehlung zur Güte: Spielen Sie, wenn und weil es Ihnen Spaß macht und wenn Sie sich leisten können zu verlieren. Sollten Sie der Ansicht sein, durch Roulette Ihren Lebensunterhalt verdienen zu können oder sogar zu enormen Reichtümern zu gelangen, befinden Sie sich auf dem Holzweg – zu viele schokkierende Beispiele zeugen davon, daß dieser Weg auf Dauer gesehen steil nach unten geht. Deshalb freuen Sie sich, wenn Sie eine gute Hand beim Spiel haben, aber bedenken Sie dabei, daß das Glück sich nicht bezwingen läßt.

Baccara

Dieses rund 400 Jahre alte Kartenspiel wird in allen österreichischen Casinos gespielt, in Deutschland dagegen nur in rund der Hälfte aller Spielbanken.

Da der Spielleiter auf Wunsch mit fachkundiger Beratung zur Seite steht, kann Baccara auch von Anfängern sofort gespielt werden, ohne daß sie eine Benachteiligung infolge Unkenntnis der Regeln befürchten müssen. Da Sie trotz dieser Hilfestellung nicht völlig unbedarft an einer Baccara-Sitzung teilnehmen sollten, erhalten Sie hier einen kurzen Überblick über die wichtigsten Spielregeln und Fachausdrücke:

Gespielt wird mit sechs Kartenpaketen à 52 Blatt, also mit insgesamt 312 Karten. Das Streben der maximal acht bis elf, an numerierten Plätzen sitzenden Spieler richtet sich darauf, mit der gezogenen Punktesumme der Zahl 9 am nächsten zu kommen. Die Kartenwerte sind hierbei wie folgt festgelegt:

Figuren und 10	= 0 Punkte
As	= 1 Punkt
2, 3, 4, 5, 6, 7, 8, 9	= 2, 3, 4, 5, 6, 7, 8 oder 9 Punkte

Bei Addition von mehreren Karten zählt nur die Einerstelle – die

Zehnerstelle wird gestrichen (Beispiel: 4 + 8 = 12; gezählt werden 2 Punkte).

Die Summe aller Einsätze der Gegenspieler darf die der Bank nicht übersteigen. Gewinnt der Bankhalter, erhält er alle Einsätze der Gegenspieler. Verliert er jedoch, bekommen die Gegenspieler vom Spielleiter aus dem Banco einen Gewinn in Höhe ihres Einsatzes ausbezahlt.

Avec: Mit dieser Ankündigung setzt ein Spieler mindestens die Hälfte des Einsatzes, den der Bankhalter getätigt hat.

Banco: Einsatz des Bankhalters, aber auch Ankündigung eines Spielers, der bereit ist, mindestens die Hälfte dieses Betrags gegen die Bank zu setzen. Diese Ankündigung kann als »Banco solo« von einem einzigen Spieler, als »Banco mit Beteiligung« von zwei Spielern oder als »Banco avec la table« von mehreren Spielern erfolgen, wobei bei der letzten Variante der sogenannte Ponte mindestens die Hälfte des Betrags aufbringen muß.

Bank: Der Kartenschlitten repräsentiert die Bank. Der Croupier mischt lediglich die Karten und überreicht dann die Bank dem Bankhalter. Er übernimmt die Rolle des Spielleiters und Schiedsrichters.

Bankhalter: Derjenige Spieler, der den Schlitten hält und den Einsatz bestimmt. Er gibt auch die Karten (eine für sich, eine für den Ponte, dann wieder eine für sich und eine für den Ponte), darf aber sein Blatt nicht sehen. Der Bankhalter kann die Bank halten, solange er gewinnt, sich jedoch auch unabhängig davon von der Bank trennen.

Carte: Bitte des Ponte, der mit seinem Blatt zuwenig Punkte erzielt hat, um eine dritte Karte.

Chemin de fer: In Deutschland und Österreich ausschließlich gespielte Variante, bei der die Spieler abwechselnd die Bank übernehmen.

En banque: Bei dieser in Deutschland und Österreich nicht gespielten Variante bleibt die Bank in der Hand eines Spielers.

Faux tirages: Regelverstoß beim Kartenziehen.

Minimum, Maximum: Das Tischminimum wird jeweils vom Casino festgelegt, Maxima existieren nicht.

Ponte: Bezeichnung eines oder mehrerer Spieler, die gegen den Bankhalter setzen.

Prime-Recht: Wollen mehrere Spieler Banco gegen den Bankhalter spielen, erhält der rechts von ihm sitzende Spieler den Vortritt.

Reste: Mit dieser Ankündigung verzichtet der Ponte auf eine dritte Karte, wenn er mit seiner Punktsumme der Zahl 9 bedrohlich nahe gekommen ist.

Schlager: 8 oder 9 Punkte mit zwei Karten – in diesem Fall muß der Spieler sein Blatt sofort aufdecken, womit der Gegner sein Recht zum Kauf einer dritten Karte verliert.

Schlitten: Holzkasten mit den Plastikspielkarten, die einzeln aus einem Schlitz gezogen werden.

Spiel nach Regeln: Der Spielleiter kann auf Wunsch zur ständigen Beratung herangezogen werden, wobei allerdings das Befolgen der erteilten Ratschläge zwingend ist.

Suite: Vorzeitiges Abgeben der Bank durch Verkauf an einen Mitspieler oder durch Versteigerung durch den Spielleiter.

Black Jack

Unter dem Namen »17 + 4« Millionen von Menschen bekannt, wird Black Jack in allen Casinos angeboten – gespielt wird an einem hufeisenförmigen Tisch mit sieben Sitzplätzen gegen den Dealer, der die Bank vertritt. Ziel dieses Spiels, bei dem vier oder sechs Kartenpakete à 52 Blatt benutzt werden, ist, durch den Kauf einer oder mehrerer Karten der Punktezahl 21 so nahe wie möglich zu kommen.

Nachdem die Einsätze getätigt wurden, teilt der Dealer die Karten aus, für die folgende Werte gelten:

Figuren und 10	= 10 Punkte
As	1 oder 11 Punkte (nach Wunsch)
2, 3, 4, 5, 6, 7, 8, 9	= 2, 3, 4, 5, 6, 7, 8 oder 9 Punkte

Hat der Dealer 16 Punkte oder weniger, muß er noch eine Karte ziehen, hat er dagegen 17 Punkte oder mehr, muß er stehenbleiben. Ist der Spieler mit seinem Blatt näher an 21 als der Dealer, erhält er einen Gewinn in Höhe seines Einsatzes, hat er ein schlechteres Blatt als der Dealer oder mehr als 21 Punkte, ist sein Einsatz verloren.

Black Jack: Bestes Ergebnis durch 21 Punkte mit zwei Karten (z.B. As und 10 oder As und Figur). Der Gewinn erfolgt im Verhältnis 3:2 zum Einsatz.

Box: Eines der sieben Spielfelder, auch Hand genannt. Der Inhaber des Sitzes vor der Box gilt als Boxinhaber, er kann jedoch auch in anderen Boxen mitspielen. Spieler, die nicht Inhaber der Box sind, dürfen mitsetzen, jedoch den Inhaber nicht in seinen Entscheidungen beeinflussen – auch wenn ihr Einsatz den des Inhabers übersteigt.

Bust: Ein Spieler hat mit seinem Blatt mehr als 21 Punkte und somit seinen Einsatz an die Bank verloren.

Card: Damit äußert der Spieler sein Verlangen nach einer weiteren Karte.

Dealer: Croupier bei Black Jack. Er gibt die Karten und spielt für die Bank.

Discard pile: Ablagekästchen für gespielte Karten, die nicht mehr benötigt werden.

Double down: Möglichkeit zur Verdoppelung des Einsatzes (auch bei Maximum), wenn die ersten beiden Karten zusammen 9, 10 oder 11 Punkte zählen. Danach besteht nur noch Anspruch auf eine Karte.

Draw: Ziehen einer Karte.

Insurance: Der Spieler kann sich nach Erhalt der zweiten Karte gegen einen Black Jack des Dealers versichern, wenn dieser als erste Karte ein As gezogen hat. Der Spieler plaziert dann die Hälfte seines Einsatzes zusätzlich auf der Insurance-Linie. Erzielt der Dealer tatsächlich einen Black Jack, so wird diese Versicherung im Verhältnis 2:1 ausbezahlt, hat der Dealer jedoch keinen Black Jack, fällt die Versicherung an die Bank.

Minimum, Maximum: Das Minimum beträgt in der Regel 10 Mark oder 100 Schilling, das Maximum 500 Mark oder 6000 Schilling.

Siebenerdrilling: Drei Karten à 7 Punkte sind vielen Casinos einen Sonderpreis (z.B. Extraprämie in Höhe des Einsatzes) und zumeist eine kleine Aufmerksamkeit der Direktion wert.

Split: Sind die ersten Karten eines Spielers punktgleich, kann er sie teilen. Danach kann er für jede geteilte Hand beliebig viele Karten anfordern, es sei denn, er hat Asse gesplittet: In diesem Fall erhält der Spieler nur noch eine Karte auf jedes As. Für jede geteilte Hand ist ein weiterer Einsatz in Höhe des ersten Einsatzes nötig. Black Jack wird nach erfolgter Teilung nicht anerkannt, ein As und eine 10 oder ein As und eine Figur ergeben »lediglich« 21 Punkte.

Stand off: Haben ein oder mehrere Spieler zugleich mit dem Dealer einen Black Jack oder die gleiche Punktzahl, ist das Spiel unentschieden. Die Einsätze können entweder stehengelassen, verändert oder zurückgezogen werden.

Stay: Damit artikuliert der Spieler, daß er keine weitere Karte mehr möchte.

Slot Machines

Jede dritte Mark, die in den Spielcasinos umgesetzt wird, wandert in den Schlitz der Automaten des »Kleinen Spiels«. Rein äußerlich unterscheiden sich die Slot Machines der Spielbanken nicht wesentlich von den Geldspielautomaten der unzähligen Spielhallen. Ein kleiner, aber feiner Unterschied besteht allerdings im Innenleben der lärmenden Geräte: Der Einsatz bei Gewerbeautomaten darf pro Spiel maximal 30 Pfennige betragen, und das Spiel muß mindestens 15 Sekunden dauern, wobei wenigstens 60 Prozent der Einsätze als Gewinn wieder ausgeworfen werden müssen. Bei den Casinoautomaten dagegen schluckt der Schlitz pro Spiel, das hier nur 3 bis 4 Sekunden dauert, schon einmal 15 Mark – dafür müssen die Maschinen aber so eingestellt sein, daß 82 bis 91 Prozent (in Österreich über 90 Prozent) der Einsätze als Gewinne zurückfließen.

Das Zauberwort beim »Kleinen Spiel« heißt Jackpot: Im Gegensatz zu den Geldautomaten der privaten Spielhallen, wo der Gewinn pro Spiel nicht mehr als drei Mark betragen darf, locken die Slot Machines der Casinos mit sechs- bis siebenstelligen Gewinnen. Erreicht wurden diese Summen durch einen Geräteverbund, wobei 5 Prozent jedes Einsatzes, der in die verketteten Automaten fällt, in den Jackpot wandern. Erscheint nun auf allen Walzen einer der zusammengeschlossenen Maschinen gleichzeitig die 7, ist der Jackpot gewonnen.

Die zu gewinnende Spitzensumme erscheint ständig aktualisiert auf einer Leuchttafel, manche Casinos werben sogar mit Zeitungsanzeigen, wenn der Jackpot eine ungewöhnliche Höhe erreicht hat. Die Chance, mit wenig Einsatz viel Geld zu gewinnen, ist allerdings rar: Selbst wenn groß verkündet wurde, daß zum Beispiel in Hamburg ein Jackpot von über 400 000 Mark, in Bad Homburg von über einer Million Mark oder in Graz von über 3,5 Millionen Schilling gewonnen wurde, stellen diese Gewinne nur eine Ausnahme dar. Die Regel ist vielmehr ein langfristig programmierter Verlust – bei durchschnittlich 15 000 Mark liegt der Betrag, den jedes Gerät monatlich für das Casino einspielt.

Obwohl beim »Kleinen Spiel« weder Spielregeln noch Fachausdrücke zu beherrschen sind, sollen hier einige Formulierungen aus der sogenannten Zockersprache Platz finden – allein um zu zeigen, daß sich das Automatenmilieu überwiegend aus volkstümlichen Gästen rekrutiert, das den eher vornehmen Gepflogenheiten einer »Salle privée« in keiner Weise standzuhalten vermag:

Abstürzen: Den eingesetzten Gewinn verlieren, nachdem beim Drücken der Risikotaste die Anzeige »Nichts« erschienen ist.

Antesten: Die erste Münze in den Automaten werfen.

Anzahlung: Ein kleinerer Gewinn, der als Abschlagzahlung auf den großen Verdienst betrachtet wird.

Automatenschreck: Glückspilz, der eine Serie nach der anderen spielt.

Daddeln: Am Automaten spielen.

Dauerlauf: Eine Gewinnserie, die überdurchschnittlich lange anhält.

Erpeln: Am Automaten manipulieren, um ihm Geld zu entlocken.

Freier: Ein Spieler mit voller Brieftasche, der anderen Spielklubbesuchern den Eindruck vermittelt, leicht ausgenommen werden zu können.

Granate: Große Serie.

Halber: 50-Mark-Schein.

Heißlaufen: Unkontrolliertes, süchtiges Spielen, das sich nach länger andauernder Pechsträhne einstellt.

Lang werden: Die Einsätze immer mehr steigern, um die Verluste auszugleichen.

Loskommer: Meist einmalig hoher Einsatz, der eine Verlustserie verwandeln soll.

Nachstoßen: Den Einsatz nach einem Gewinn erhöhen.

Pfund: 20-Mark-Schein.

Rentnerserie: Die falsche Kombination von Symbolen, also fast eine Serie.

Riese: 100-Mark-Schein.

Schüttelscheck: Jede Art von Scheck, dessen Einlösung von der Bank nicht garantiert ist.

Seuche: Pechsträhne, Verlustspiel.

Tonleiter: Die Melodie, die der Automat von sich gibt (z.B. »Ach du lieber Augustin«).

Torpedo: Große Serie.

Casinosperre

Ein interessanter Aspekt, der zudem juristisch noch recht unausgereift scheint, ist die sogenannte Casinosperre: das Verbot, eine Spielbank zu betreten, da die Karteikarte oder der Computer einen entsprechenden Vermerk aufweist.

Gesperrt für den Casinobesuch werden zunächst einmal Gäste, die unangenehm auffallen: Beleidigung des Personals, Störung des Spielablaufs, Betrug oder Diebstahl sind die klassischen Casinodelikte der vielen tausend Missetäter, deren Namen auf die in allen europäischen Spielbanken zirkulierende »Schwarze Liste« geraten sind.

Eine weitere Gruppe von Ausgeschlossenen stellen diejenigen Besucher dar, die aus unerfindlichen Gründen einfach nicht verlieren wollen und somit den Casinos wirtschaftliche Schwierigkeiten bereiten könnten. Zwar streiten die Spielbanken diesen Sperrgrund ab, doch die wenigen Betroffenen können sehr wohl ein Lied davon singen – insbesondere über die hohen Spesen, die ihnen durch den Einsatz von Strohmännern und deren Überwachung entstehen.

Vernünftig dagegen hört sich der dritte Grund an, aus dem Gästen der Zutritt in die »Salle privée« verwehrt werden kann: Stellt sich heraus, daß ein Spieler alles daran setzt, um sich zu ruinieren, und weit über seine Verhältnisse spielt, so sind die Casinos in eigenem Interesse daran interessiert, diesen Spieler aus dem Verkehr zu ziehen – spektakuläre Gewinne stellen bei weitem ein besseres Werbemittel dar als ruinöse Pleiten. So haben die meisten Spielbankdirektoren auch ein offenes Ohr für besorgte Angehörige oder Arbeitgeber, die darum bitten, einen besonders risikofreudigen Hasardeur zu sperren. Und wer schließlich selbst um eine Eigensperre bittet, weil sein Spieltrieb außer Kontrolle geraten ist, muß lediglich einen entsprechenden Vertrag unterzeichnen, um wahlweise befristet oder lebenslänglich ausgesperrt zu werden.

Eine Fülle von Fragen taucht nur für den Fall auf, daß ein Spieler trotz Sperre Einlaß in die »Hallen des Glücks« findet und eine größere Summe Geld verliert. Unter den Casinos besteht die stillschweigende Übereinkunft, öffentliche Prozesse wegen der damit verbundenen schlechten Publicity möglichst zu vermeiden, so daß sogar Croupiers, die an Betrügereien beteiligt sind, in der Regel lediglich entlassen werden – umgekehrt jedoch kommt es auch ausgesprochen selten vor, daß ein Casinogast gegen eine Spielbank klagt.

Welche Möglichkeiten hier in Frage kämen und, auf den Einzelfall bezogen, diskutiert werden müßten, ist Inhalt des folgenden Abschnitts:

Unvollkommene Verbindlichkeit

(1) Durch Spiel oder durch Wette wird eine Verbindlichkeit nicht begründet. Das aufgrund des Spieles oder der Wette Geleistete kann nicht deshalb zurückgefordert werden, weil eine Verbindlichkeit nicht bestanden hat.

(2) Diese Vorschriften gelten auch für eine Vereinbarung, durch die der verlierende Teil zum Zwecke der Erfüllung einer Spiel- oder einer Wettschuld dem gewinnenden Teil gegenüber eine Verbindlichkeit eingeht, insbesondere für ein Schuldanerkenntnis.

Was hier in § 762 des Bürgerlichen Gesetzbuchs geregelt ist, bedeutet nichts anderes, als daß sich aus Risikoverträgen, die Spiel oder Wette zum Inhalt haben, kein Erfüllungsanspruch ergibt –

nicht etwa, weil derartige Abmachungen sittlich verwerflich wären, sondern weil der Staat für solche Verträge wegen ihres mangelnden wirtschaftlichen Geschäftszwecks keine gerichtliche Hilfe bereitstellen will. Beträge, die im Casino verloren werden, sind demnach grundsätzlich nicht einklagbar, es sei denn, der Spielvertrag ist aus bestimmten Gründen unwirksam:

Wenn ein Spieler entmündigt wurde und somit nicht geschäftsfähig ist, muß das Casino verspielte und somit verlorene Beträge wieder zurückzahlen. Im übrigen sieht die Gesetzgebung vor, daß Personen, die sich oder ihre Familie durch Verschwendung der Gefahr des Notstandes aussetzen, entmündigt werden können. Sicherlich ist ein solcher Eingriff in die Persönlichkeit des Spielers eine heikle Angelegenheit, und kaum jemand macht deshalb von dieser Möglichkeit Gebrauch. Trotzdem könnte es in vielen Fällen durchaus angebracht sein, diesen uneleganten Weg zu beschreiten – immerhin hätte eine derartige Entmündigung nicht die volle, sondern lediglich eine beschränkte Geschäftsunfähigkeit zur Folge, die den Entmündigten rechtlich auf die Stufe eines Minderjährigen zwischen vollendetem siebtem Lebensjahr und Volljährigkeit stellte.

Geschäftsunfähig ohne Entmündigung ist des weiteren gemäß § 104II BGB auch ein Mensch, der sich *»in einem die freie Willensbestimmung ausschließenden Zustande krankhafter Störung der Geistestätigkeit befindet, sofern nicht der Zustand seiner Natur nach ein vorübergehender ist«*. Es stellt sich die Frage, ob nicht ein Spieler, dessen ganzes Streben darauf gerichtet ist, gleich einem Drogensüchtigen irgendwo Geld zu organisieren, um es dann in die nächste Spielbank zu tragen, unter diesen Passus fällt. Ein individuelles psychiatrisches Gutachten, mit dem eine dauerhafte Geistesschwäche attestiert wird, könnte hier dazu beitragen, daß verspieltes Eigentum wie Bargeld, »Haus und Hof« sowie aufgenommene Schulden unter Umständen gerettet werden könnten.

Und nachdem Fälle bekannt sind, in denen süchtige Spieler alleine beim Anblick einer mit der Kamera eingefangenen Casinoszene von Schweißausbrüchen und Herzrhythmusstörungen befallen werden, denen ein psychischer Blackout folgt, könnte sogar § 105 II BGB greifen, wo es heißt: *»Nichtig ist auch eine Willenserklärung, die im Zustande der Bewußtlosigkeit oder vorübergehender Störung der Geistestätigkeit abgegeben wird.«*

Natürlich müssen auf solche Umstände gestützte Klageschriften eingehend vorbereitet werden, damit sie vor Gericht nicht wie eine Seifenblase zerplatzen – in Anbetracht der beträchtlichen Summen, die in vielen Fällen innerhalb kurzer Zeit verspielt werden, scheint es jedoch nicht überzeichnet, jede Möglichkeit zur Wiederbeschaffung des Kapitals ins Auge zu fassen.

Einen weiteren Ansatzpunkt für die Rückforderung verspielten Kapitals könnte eine Textstelle in einer der Landesspielordnungen bieten, wenn es mit anderen Worten heißt, daß der Spieler nur seinen tatsächlichen wirtschaftlichen Verhältnissen entsprechend Einsätze tätigen darf und andernfalls vom Spiel ausgeschlossen bleiben soll. Gelänge es also beispielsweise einem Gast, der als Familienvater 2000 Mark pro Monat verdient und kein weiteres Vermögen besitzt, einige geliehene hunderttausend Mark zu verlieren, stellte sich die Frage, ob hier nicht gegen ein gesetzliches Verbot verstoßen worden ist, das den Spielvertrag nichtig machte.

Sehr viel klarer liegt die Situation, wenn ein Gast, der eigentlich dem Residenzverbot unterworfen ist, in dem ansässigen Casino Einlaß findet und dort sein Geld verliert. Grundsätzlich müßte in einem solchen Fall die Spielbank mit dem Besucher einen begründeten Aufhebungsvertrag abschließen, um nicht unversehens mit einer Rückforderung konfrontiert zu werden.

Völlig ungeniert können allerdings diejenigen Gäste spielen und verlieren, denen es gelungen ist, sich trotz einer Eigensperre in die »Salle privée« zu schmuggeln, da hier ein gegenseitiger und voll rechtsgültiger Vertrag geschlossen wurde. Die Vertragsart, mit der Casino und Spieler miteinander vereinbaren, daß die Sperre lebenslänglich und nicht zu widerrufen ist, ist übrigens vom juristischen Standpunkt aus gesehen blanker Unsinn: Prinzipiell kann jeder Vertrag wieder rückgängig gemacht werden, so daß die sogenannte »lebenslängliche« Sperre nicht haltbar ist. Jeder Spieler kann – wenn er meint, seinen Besuch kontrolliert gestalten zu können – mittels Aufhebungsvertrags erneut Einlaß in ein Casino begehren, und die Spielbanken wehren sich im Prinzip nicht dagegen, diese »verlorenen Söhne oder Töchter« wieder aufzunehmen.

Nun besteht aber neben der individuellen Prüfung eines jeden Falls noch ein kleiner Haken, der sämtliche Hoffnungen auf eine erfolgreiche Herausforderung verlorenen Geldes mit einem Schlag zunichte machen kann: Der Spieler muß natürlich beweisen können, daß er sein Geld tatsächlich in dieser oder jener Spielbank verloren hat, wobei auch die jeweiligen Summenangaben einer Prüfung standhalten sollten. Wurde ausschließlich Bargeld verspielt, könnte es mit der Beweisführung schlecht aussehen – immerhin wäre es ja möglich, daß das Geld auch in andere Kanäle gewandert ist. Aus diesem Grunde wäre ein Spieler – für den Fall der Fälle – am besten gewappnet, wenn er an der Casinokasse Schecks einlöste und so lange verlöre, bis er die Viatique, das Reisegeld der Spielbank, in Anspruch nehmen müßte oder aber einen Zeugen anführen könnte. Der Beweis, daß in einem bestimmten Casino so und so viel Geld verloren worden ist, wäre dann leicht zu führen – käme man dem Spieler jedoch auf die Schliche, daß er um die aufgeführten Finessen wußte, dann hieße es »venire contra factum proprium« (Zuwiderhandlung gegen das eigene frühere Verhalten) und er ginge wegen seines arglistigen Verhaltens endgültig leer aus.

Statistiken und Zahlen

Obwohl der durchschnittliche Verlust pro Gast und Spielbankbesuch bei nur 280 Mark liegt, geht dabei eine wesentlich höhere Summe durch seine Hände: Durch wiederholtes Einsetzen der Gewinne beträgt der Umsatz eines Spielers, der 280 Mark verliert, ungefähr 8000 Mark. Ähnlich verhält es sich bei einem siegreichen Abend, an dem ein Spieler beispielsweise mit 600 Mark Gewinn nach Hause geht, aber dem Tronc insgesamt 1000 Mark überlassen hat.

Im Schnitt gehen die Statistiker davon aus, daß jeder Spieler pro Jahr 6000 Mark verliert: Allein in den deutschen Casinos werden Tag für Tag drei Millionen Mark verspielt, was bei rund 200 Tischen eine Einnahme von 15 000 Mark pro Tisch und Tag ausmacht.

Diese Einnahmen werden natürlich gewinnbringend angelegt: So wurde beispielsweise das Casino Garmisch-Partenkirchen im Jahre 1985 für rund 18 Millionen Mark in einen Neubau umgesiedelt – etwa die gleiche Summe beträgt der jährliche Bruttoertrag dieser Spielbank.

Im selben Jahr investierte das Bundesland Nordrhein-Westfalen 72 Millionen Mark für seine dritte Spielbank in Hohensyburg, die von der Westdeutschen Spielbanken GmbH & Co. KG, einer Tochter der Westdeutschen Landesbank, betrieben wird. Rund 1,1 Millionen Besucher verloren im ersten Jahr die stattliche Summe von über 100 Millionen Mark.

Circa 500000 Gästekarten stellt das Casino Baden-Baden pro Jahr aus, in der Spielbank Bad Wiessee lagern weit über 700000 Karteikarten von aktiven und gesperrten Spielern.

Eine Zahl, mit der die Casinos keine Werbung betreiben: Geschätzte 10000–15000 Spieler haben sich in der Bundesrepublik Deutschland einer Eigensperre unterworfen, da sie die Kontrolle über ihre Spielleidenschaft verloren haben.

Nach einer repräsentativen Umfrage des Allensbacher Instituts befürworten über 70 Prozent der Bevölkerung die Einrichtung Casino, während sich nur knapp 15 Prozent entschieden dagegen wenden.

Der Anteil der Auslandsgäste im österreichischen Casino Bregenz am Bodensee beträgt rund 60 Prozent – vornehmlich Schweizer und bundesdeutsche Anrainer bestreiten den Spielbankumsatz in der Festspielstadt.

Ein Wort noch zu den Casinos im außereuropäischen Ausland, denn Sie können natürlich auch in Afrika, Asien, Australien, Nord-, Mittel- und Südamerika auf Plein oder einfache Chancen setzen: Da die außereuropäischen Zylinder außer der Null noch eine Doppelnull kennen, liegt der wahrscheinlichkeitstheoretische Hausvorteil dieser Casinos gegenüber dem Gast nicht bei 2,7 Prozent (en plein) wie in Europa, sondern gleich bei rund 7,9 Prozent, was die Chance auf satte Gewinne noch weiter mindert.

Abenteuer Rennbahn

Wo zwei wetten, muß einer verlieren.
SPRICHWORT

Auf Dauer gesehen ist der Verlierer natürlich der Wetter, denn rund ein Viertel aller Einsätze, die in Deutschland auf Rennpferde gesetzt werden, bleiben bei den Rennvereinen und beim Finanzamt hängen. Nun ist der weise Spruch erweiterbar, und man könnte sagen: *»Wo weniger gewettet wird, wird weniger gewonnen.«* Und genau diesen Klageruf kann man seit einigen Jahren von den Veranstaltern vernehmen, die seit Anfang der achtziger Jahre durch unehrliche Jockeys und ungetreue Totalisatorangestellte in eine Krise geraten sind, aus der kein Entrinnen mehr möglich scheint.

Obwohl beispielsweise bei den Trabern die Anzahl der Rennen von 8453 im Jahre 1981 auf 9139 im Jahre 1987 gesteigert werden konnte, nahmen die Totalisatorumsätze im Vergleichszeitraum von über 407 Millionen auf circa 354 Millionen Mark ab. Ein ähnliches Schicksal widerfuhr den Galoppern, denen selbst der werbeträchtige Schachzug nichts half, daß sie Anfang 1982 Altbundespräsident Walter Scheel zum Präsidenten des Kölner Direktoriums für Vollblutzucht und Rennen kürten.

Doch von diesen internen Problemen spürt der Rennbahnbesucher in der Regel nichts – ganz im Gegenteil, denn der Einzug des Publikums an den Renntagen gleicht einer wahren Völkerwanderung, die von Mal zu Mal eher zuzunehmen scheint.

Wer sich zum ersten Mal auf eine Rennbahn begibt, tut gut daran, ein bis zwei Stunden vor dem offiziellen Rennbeginn zu erscheinen, um sich zunächst ein wenig umzusehen und sich mit der Atmosphäre vertraut zu machen. Mit umgehängtem Feldstecher und dem Rennprogramm fest in der Hand wird sich der Rennbahnneuling zwischen den alten Hasen und Profis vielleicht ein bißchen verloren vorkommen und sich möglichst unauffällig um die markanten Punkte Waage, Führring, Totalisatorkassen, Teehaus und Tribünen bewegen. Völlig unbegründet, denn die Mehrzahl der Besucher versteht so gut wie überhaupt nichts von Pferden, Rennen und Wetten, was immer dann besonders auffällt, wenn sich vor den einzelnen Rennen Scharen von Menschen um die überdimensionale Tafel versammeln, auf der die Presseprognosen der diversen Fachblätter und Sportredaktionen prangen.

Etwas enttäuscht wird der Anfänger sein, nachdem er das Publikum auf seine Aufmachung hin gemustert hat, denn rennbahnmäßiges Styling ist auf den Rennbahnen im deutschsprachigen Raum die große Ausnahme. Aufsehenerregende Hüte oder schneeweiße Anzüge sind vielleicht noch bei den internationalen Treffpunkten der Turf-Elite in Ascot, Aintree bei Liverpool, Louisville/Kentucky, Paris, Melbourne, Hongkong oder allenfalls bei den Iffezheimer Rennwochen, beim Deutschen Derby in Hamburg sowie beim Preis von Europa in Köln zu bewundern. Was hierzulande auffällt, sind gutgelaunt dreinblickende Muskelmänner mit weit aufgeknöpften Hawaiihemden und verlebten Damen im Schlepptau sowie schlechtgekleidete Rentner, die sich keinen Schritt von den Totalisatorkassen wegbewegen. Die Masse der Besucher jedoch gibt sich unauffällig bis bieder und scheint den Rennplatz mehr als Vergnügungs- und Freizeitpark zu nutzen: Mitgebrachte Liegestühle und mit Sonnenöl beschmierte Leiber zeugen davon, daß den Rennvereinen weit mehr an Besucherrekorden und Umsätzen als an Qualität und Stil der Veranstaltungen gelegen ist.

Der echte Wetter – und das wird der Rennbahnbesucher herausfinden – ist ein einsamer Wolf, der sich wortkarg gibt und die äußere Umgebung auf der Bahn verächtlich ignoriert. Er ist ein Profi, der das Rennprogramm nur dafür benutzt, um die Nummern der Pferde abzulesen, auf sämtliche Tips oder Prognosen jedoch verzichtet, da er seine Informationen aus erster Hand bezieht. Ob er gewonnen oder verloren hat, wird man in seinen unbeweglichen Gesichtszügen nicht lesen können, wohl aber sieht man ihn, wenn er sich zu einer der Kassen begibt, um seinen Verdienst einzustreichen und weitere Scheine über den Tresen zu schieben.

Ein weiterer Typ ist der semiprofessionelle Wetter, der sich meist mit gleichgesinnten Kollegen umgibt und lauthals zum besten gibt, was er einige Minuten vorher gehört oder gelesen hat. Zwischen ihm und der Masse, die einfach nur zum Vergnügen ein paar Mark setzt, besteht eigentlich kein wesentlicher Unterschied – allein die Veranstalter schätzen diesen Typ, der bei fast jedem Rennen aktiv dabei ist und brav die spärliche Rente verwettet.

So ist der Neuling letztendlich auf sich alleine gestellt, denn der Vollprofi redet nicht, und der Semiprofi wird alles daran setzen, um eine falsche Spur zu legen und somit für seinen Favoriten die Quote zu erhöhen. Was also tun, um nicht ausschließlich auf gut Glück setzen zu müssen, sondern für sich die Gewinnchancen zu beanspruchen, die für Kenner der Turf-Szene relativ günstig stehen? In die Lehre gehen, heißt die Devise, von Grund auf Wichtiges und Interessantes rund um Rennpferd, Rennvereine und Buchmacher zu studieren und dabei auch einen Blick hinter die Kulissen zu werfen: Kenntnisse über Gestüte, Trainer, Jockeys und Bodenverhältnisse stellen in dieser Branche einen absoluten Trumpf dar, der unmittelbar in einen satten Gewinn verwandelt werden kann.

Natürlich muß es dabei nicht so generalstabsmäßig zugehen wie bei Franz Becker, der als Deutschlands einziger hauptberuflicher Wetter gilt, denn der ehemalige Regierungsinspektor studiert mit akribischem Fleiß sämtliche Fakten rund um das Renngeschehen und setzt sein Wissen dementsprechend um: Rund drei Millionen Mark investiert der Profi jährlich an den Totalisatoren, wobei sein Gewinn angeblich zwischen fünf und zehn Prozent betragen soll – ein angemessenes Salär für einen Schwerarbeiter in Sachen Rennbahn.

Entwicklung des Rennsports

Wettrennen zu sportlichen Zwecken und zur Prüfung der Leistungsfähigkeit der Pferde sind wohl ebenso alt wie die Bezähmung des Wildpferdes durch den Menschen. Überlieferte Höhepunkte dürften hierbei die Wagenrennen anläßlich von Festspielen der Antike und in der Arena des römischen Zirkus bilden, die auf leichten zweirädrigen Karren als Zwei- oder Vierspänner ausgetragen wurden.

Das erste offizielle Gestütbuch wurde im Jahre 1793 in England, dem Mutterland des Galopprennsports, herausgegeben, und sämtliche Vollblüter (hierunter versteht man im Galopprennsport das englische Vollblut und nicht das arabische Vollblut, das allgemein Araber genannt wird) der Erde sind auf die seinerzeit eingetragene Zuchtgrundlage von drei orientalischen Hengsten (Darley Arabian, Beyerley Turk, Godolphin Barb) und englischen Galloway-Stuten zurückzuführen – rund dreißig Generationen zählt man bis zum heutigen Tag. »Pur sang« – aus reinem Blut nennt auch der Franzose diese durch konsequente Auslese reinrassig auf Leistung gezüchtete Kunstrasse, deren Blutanteil tatsächlich zehn Prozent ihres Körpergewichts beträgt.

Das erste Rennen für Fünfjährige fand 1712 im englischen York statt, 1728 durften in Hambledon erstmals Vierjährige an den Start, und erst 28 Jahre später erhielten in Newmarket Dreijährige grünes Licht – ein Alter, in dem heute die Vollblüter ihre bedeutendsten Rennen laufen. Interessant bei der Entwicklung des Galopprennsports ist, daß sowohl das Alter der Pferde als auch die Länge der Distanzen gleichlaufend abnahm – Rennen über acht Kilometer waren in der Anfangszeit dieser Sportart keine Seltenheit.

Eine dem Vollblut nahestehende Spezialrasse für Trabrennen beziehungsweise -fahren auf Sandbahnen hinter zweirädrigen Sulkys bilden die Traber, deren bekannteste Vertreter der American Standard Bred, der französische Traber und der russische Orlowtraber sind. Obwohl es bei den Trabrennen nicht erlaubt ist, daß die Pferde aus dieser Grundgangart fallen und zu galoppieren beginnen, sind sie mit knapp 50 km/h fast ebenso schnell wie die Galopper, die Spitzengeschwindigkeiten bis zu 60 km/h erreichen.

Der Trabrennsport hat sich in Großbritannien nie durchsetzen können und wird dort ausschließlich in Wales und im Nordwesten des Landes ausgeübt, während er im übrigen Europa, in Nordamerika, Australien und Neuseeland eine große wirtschaftliche Bedeutung erlangt hat. Ein berühmter Traberzüchter war beispielsweise der Chef der Central Pacific Railroad Company, Leland Stanford, der im Jahre 1876 damit begann, auf seiner Ranch bei San Francisco Vollblüter mit Trabern zu kreuzen und aufgrund seiner Erfolge sogar seinen größten Kritikern das Zugeständnis abrang, daß seine Ställe Pferde hervorbringen, »die Flügel anstatt Beine haben«. Stanford war allerdings nicht nur Geschäftsmann, sondern vor allem ein Pferdeliebhaber, der mit viel Einfühlungsvermögen revolutionäre Trainingsmethoden entwickelte, die die Konkurrenz zum Umdenken zwang: Flüche oder ein barscher Tonfall waren in Gegenwart seiner Fohlen auf das strengste verboten, und er setzte alles daran, um ihr Wohlbefinden durch jeden erdenklichen Luxus zu steigern.

Ein berühmter Vollblutzüchter war der Rechtsanwalt und Unternehmer James Ben Ali Haggins, dessen Ställe auf seiner 18000 Hektar großen Ranch bei Sacramento 2000 Vollblüter faßten, die zwischen 1881 und 1891 sowohl im Westen als auch im Osten fast alle bedeutenden Rennen gewannen.

Der Wilde Westen war das klassische Umfeld für jede Art von

Pferderennen, seit der spanische Eroberer Hernán Cortés Anfang des 18. Jahrhunderts die Tiere nach Mexiko gebracht hatte, und der einsetzende Goldrausch in Kalifornien hatte zur Folge, daß die Nachfahren der spanischen Adeligen dabei um Summen wetteten, die bisweilen astronomische Größenordnungen annahmen. Zur Regelung des wilden Wettsystems, bei dem die Zuschauer durch ihre hektische Suche nach Wettpartnern für ständige Unruhe sorgten, entstand bald der Beruf des Buchmachers – Männer, die sich mit kleinen Notizbüchern an der Ziellinie niederließen und die Quoten errechneten. Das System lief in etwa so ab, daß aufgrund eigener Einschätzung bestimmte Eröffnungsquoten festgesetzt wurden, die kurz vor dem Rennen verändert wurden: Bei Favoriten wurden sie herabgesetzt, bei Außenseitern erhöht. Und um den Gewinn für die eigene Kasse noch mehr abzusichern, beschäftigten fast alle Buchmacher Spione, die mit Jockeys, Trainern und Stallburschen beste Kontakte hielten, sowie bezahlte Tipgeber, die das Publikum dazu verleiten sollten, auf sichere Verlierer zu setzen.

In Europa ging es im 19. Jahrhundert weit weniger wild zu – gefährliche Straßenrennen durch Städte und Dörfer waren nicht an der Tagesordnung. Die Rennvereine bauten bereits damals die noch heute bestehenden Bahnen, die laut Rennordnung alle nach dem gleichen Muster konzipiert wurden: Ein meist aus einer Grasbahn bestehendes Geläuf, ein Waagegebäude mit abgesperrtem Vorplatz, ein Umkleideraum für die Reiter, ein Sattelplatz für die Pferde, ein Führring für die Besitzer und Trainer sowie ein Zielrichterturm und natürlich entlang des Geläufs gruppierte Tribünen, ein Teehaus und die Totalisatorkassen stellen die Bestandteile einer Rennbahn dar.

Eine eigene Welt

Der Pferderennsport wird im Prinzip von einer geschlossenen Gesellschaft betrieben, die – und das ist als Hauptursache für die ständigen Krisen zu sehen – mehr am Geld als am sportlichen Ereignis orientiert ist. Züchter, Besitzer, Trainer, Jockeys, Wetter, Buchmacher und Rennvereine versuchen, sich den Kuchen um die schnellen Renner zu teilen, wobei es manchmal gar nicht fein zugeht. Wie sehr eine mit dem Sport überhaupt nicht verbundene Nebensächlichkeit das Turf-Gerüst ins Wanken bringen kann, soll eine Begebenheit schildern, die sich bei dem 119. Deutschen Galopp-Derby am 3. Juli 1988 in Hamburg-Horn zugetragen hat:

Weil der Jockey Olaf Schick einen 15-kg-Katenschinken entwenden wollte, wurde er vom Ritt auf dem Hengst Luigi befreit, der statt dessen von dem englischen Jockey Walter Swinburn geritten wurde. Luigi gewann das Derby vor der Stute Alte Zeit, deren Besitzer und Züchter Horst Mast protestierte: Swinburn sei mit 730 Siegen kein gleichwertiger Jockey zu Schick, der gerade 100 Siege nachweisen könne. Doch das Renngericht wies die Berufung von Mast gegen das erstinstanzliche Urteil aus rein formalen Gründen zurück: Mast hätte seinen Protest bis Waageschluß einlegen müssen.

Auch der Trainer von Alte Zeit, Hein Bollow, war davon überzeugt, daß die Stute gegen Luigi gewonnen hätte, wenn Schick ihn anstelle von Swinburn geritten hätte.

Das Ergebnis: Rund 200 000,– Mark Verlust für den Besitzer von Alte Zeit (so viel betrug der Unterschied zwischen Sieg und zweitem Platz), Unsicherheit bei Buchmachern und Wettern, denen der Reiterwechsel erst einen Tag vor dem Derby durch die Tageszeitungen bekannt wurde, sowie Offenlegung einer Rennordnung, die mehr als nur verschwommen ist.

Denn wenn es im Ermessen der Rennleitung liegt, wegen eines privaten Fehlverhaltens dem Wechsel zweier nicht miteinander vergleichbarer Jockeys zuzustimmen, ist der Vorteilsverschaffung einzelner Besitzer Tür und Tor geöffnet.

Schlechte Zeiten auch beim österreichischen Turf, der längst nicht mehr von den siegreichen k. und k. Galoppern der Fürsten und Grafen Esterhazy, der Grafen Kinsky und des ungarischen Gestüts Kisber profitiert, sondern mit nur einer Galopprennbahn am Südrande des Praters regelrecht auf Sparflamme kocht. 1986 mit 13 Millionen Schilling kurz vor dem Konkurs, mußte der Wiener Galopprennverein zunächst einmal entschuldet werden: 2 Millionen Schilling konnten bezahlt werden, 7 Millionen Schilling wurden von den Banken erlassen, und die restlichen 4 Millionen werden gerade abgetragen, indem das Wettgeschäft für zehn Jahre an eine private Totogesellschaft verpachtet wurde.

Daß auch in der Schweiz nur mit Wasser gekocht wird und Verstöße gegen die Rennordnung quasi an der Tagesordnung sind, zeigen die nachstehenden Auszüge aus den Jahrbüchern Trab und Galopp, jeweils 1987:

Preis der Winterthur-Versicherungen: Buße von Fr. 50.– an J. Eichler wegen übermäßigen Peitschengebrauchs ... und verfügte 1 Tag Peitschenentzug.

Preis der Posthotel AG Arosa: Buße von Fr. 100.– an R. Stadelmann wegen Nichtausführung eines vereinbarten Ritts.

Prix Champagne MUMM: Das Pferd Milione wurde disqualifiziert wegen Zurückwiegens von Mehrgewicht über 1 kg.

Preis der Spar- und Leihkasse des Bezirks Pfäffikon: Protest von R. Kaderli gegen N. Renk wegen Behinderung im ersten Bogen. Der Protest wurde nach Untersuchung der Rennleitung als leichtfertig taxiert und abgelehnt. Die Kaution wurde einbehalten. Überdies ergab sich, daß R. Kaderli seine Mitkonkurrentin N. Renk an der fraglichen Stelle mit der Peitsche geschlagen hatte. R. Kaderli wurde dafür mit einer Buße von Fr. 80.– bestraft.

Großer Flachpreis der Luzerner Banken: Auf Rennleitungsbefragung betreffs des schlechten Laufens von La Diva erklärte Trainerin G. Sami, daß die Stute festen Boden gar nicht liebt.

Aargauer-Tagblatt-Preis: Das Pferd Master Tomothy wurde wegen positiven Doping-Ergebnisses disqualifiziert. Trainerin Frau G. Sami wurde mit einer Buße von Fr. 10000.– bestraft. Trainerin Frau G. Sami legte gegen die Höhe der Buße Rekurs ein.

Prix de l'Hippodrome Romand d'Yverdon-les-Bains: Verwarnung für A.L. Kramer wegen Verursachens eines Fehlstarts. Buße Fr. 50.– für H. Gysel wegen gefährlicher Fahrweise. Buße Fr. 120.– für O. Wahlen sowie Antrag auf 2 Tage Lizenzentzug wegen gefährlicher Fahrweise im Wiederholungsfall ... verfügte 4 Tage Lizenzentzug. Buße Fr. 100.– für B. Perrin sowie Antrag auf 4 Tage Lizenzentzug wegen antisportlichen Verhaltens ... Antrag stattgegeben.

Prix du »Pari Mutuel Romand«: Buße Fr. 70.– für M. Kindler wegen brutaler Behandlung seines Pferdes.

Selbstverständlich ist diese kleine Auswahl nun nicht repräsentativ für den eidgenössischen Turf, denn derartige Zwischenfälle kommen auf den Rennplätzen der ganzen Welt vor und führen eigentlich dazu, daß Außenstehende Pferderennen als absolut unsportliche Veranstaltungen abtun. Ein harter Sport ist es gewiß, und der eben genannte Vorwurf hat sicherlich seinen wahren Kern – insbesondere wenn man berücksichtigt, daß sich viele Buchmacherkunden höchst ungern auf die Rennbahn begeben und ihren »Sport« vom Stadtbüro aus oder per Telefon betreiben.

Von den Schweizer Rennvereinen wurden übrigens im Jahre 1987 bei 50 Veranstaltungen insgesamt 380 Rennen organisiert, wobei knapp 2,6 Millionen Franken an Rennpreisen ausbezahlt wurden (210 Trabrennen mit 869 500 Franken und 170 Galopprennen mit 1 594 200 Franken). Davon wurden 53 Rennen von Inländern gewonnen, die eine Gewinnsumme von insgesamt 137 650 Franken bestritten.

Rennbahnlatein

Abstammungspapiere: Abstammungsnachweis über Eltern und Vorfahren eines Pferdes mit Angabe von Namen, Geburtsdatum, Geschlecht, Rassezugehörigkeit, Farbe und Abzeichen (weiße Stellen auf pigmentlosen Hautflächen), Züchter und Besitzer.

Altersgewichtsrennen: Die Pferde tragen hierbei je nach Alter mehr oder weniger Gewicht. Für die korrekte Berechnung des Gewichts sind die Trainer voll verantwortlich.

Amateure: Alle Reiter, die diesen Sport nicht berufsmäßig betreiben.

Amazonen: Weibliche Amateurreiterinnen.

Arabisches Vollblut: Älteste und edelste Pferderasse, heute international auf Typerhaltung gezüchtet. Seit 1977 existieren auch Galopprennen für Vollblutaraber, deren Domäne eigentlich das Distanzreiten ist (Überwindung größerer Entfernungen in kürzester Zeit bei größtmöglicher Schonung der Pferde).

Aufgewichtsrennen: Rennart, bei der das von einem Pferd zu tragende Gewicht von den bisherigen Gewinnen des Pferdes abhängig ist. Je öfter es sich plaziert hat, desto höher die Einschätzung und das Aufgewicht.

Ausgleichsrennen: Hier wird von einem sogenannten Ausgleicher festgesetzt, wieviel Gewicht jedes einzelne Pferd bei einem Rennen tragen muß. Ein Generalausgleichsgewicht (GAG) erhält ein Renner nach dem ersten Sieg oder nach fünf sieglosen Starts, um für alle Pferde gleiche Gewinnaussichten zu schaffen. Verschiedene Ausgleichsklassen sorgen des weiteren dafür, daß die Leistungsfähigkeit der Pferde aufeinander abgestimmt ist:

Flachrennen:

Ausgleichsklasse I	für sehr gute Pferde
Ausgleichsklasse II	für gute Pferde
Ausgleichsklasse III	für durchschnittliche Pferde
Ausgleichsklasse IV	für Pferde mit geringerem Leistungsvermögen
Allgemeiner Ausgleich	für gute und sehr gute Pferde

Hindernisrennen:

Ausgleichsklasse G	für gute Pferde
Ausgleichsklasse M	für Pferde mit mittlerem Leistungsvermögen
Ausgleichsklasse U	für Pferde der unteren Klasse
Allgemeiner Ausgleich	für gute und mittlere Pferde

Prinzipiell gilt: Je besser ein Pferd bei Rennen abschneidet, desto höher das GAG.

Autostart: Beim Trabrennen üblicher Start, bei dem sich das Startauto mit seitlich ausgefahrenen Flügeln der Startmarke nähert. Ist die Startmarke erreicht, setzt sich das Auto ab, und die Teilnehmer streben einen Platz an der Innenseite der Bahn an.

Bänderstart: Startart bei Trabrennen, bei der sich die Teilnehmer hinter einem am Start gespannten Band in kleinen Kreisen drehen. Fällt das entsprechende Kommando, passieren sie in einer Linie gleichzeitig die vom zurückschnellenden Band markierte Startlinie.

Berufsrennreiter: Auszubildende nach einer Zwischenprüfung und Absolventen einer dreijährigen Lehrzeit als Pferdewirt mit entsprechendem Ausbildungsschwerpunkt sowie Jockeys. Treten Auszubildende gegen Jockeys an, erhalten die Lehrlinge eine Gewichtserlaubnis von einem bis fünf Kilogramm, das Pferd des Lehrlings hat also diese Kilozahl weniger zu tragen.

Beschäler: Zucht- oder Deckhengst, der eine Körung besitzt (amtliche Deckerlaubnis, die aufgrund bestimmter Qualitäten erteilt wird).

Derby: 1778 von Lord Derby gestiftetes Rennen für dreijährige Hengste und Stuten. Heute im allgemeinen Sprachgebrauch Bezeichnung für einen Wettkampf.

Dirt Track: Vorwiegend in den USA gebräuchlicher Rennbahnbelag aus einem Sand-Asphalt-Gemisch.

Doping: In Europa verbotene Verabreichung von leistungssteigernden und schmerzausschaltenden, aber auch beruhigenden chemischen Substanzen beim Wettkampfsport. Doping hat Tradition: Müde Renner wurden in früheren Zeiten mit Hilfe von Tollkirschen oder Whisky zu Höchstleistungen angespornt, zu temperamentvolle Pferde durch die Verabreichung von Opiumtropfen gebremst.

Eventualquote: Durch die Einführung des Elektronentotos kann der jeweilige Stand der Siegquoten der beteiligten Pferde bereits vor dem Rennen auf Monitoren verfolgt werden. Der Favorit zeichnet sich durch die kleinste Quote aus – wenn er gewinnt, ist der Wettgewinn meist recht schmal bemessen.

Exterieur: Körperbau eines Pferdes.

Fachzeitungen: Wichtiges Instrument für den Wetter – hier steht nicht nur, wo und wann welche Pferde starten, sondern sie enthalten auch Details, deren Berücksichtigung für den Ausgang einer Wette entscheidend sein kann. Fachzeitschriften hängen beim Buchmacher aus, sind direkt auf der Rennbahn erhältlich oder können abonniert werden.

Fahrer: Pferdewirte mit Schwerpunkt Trabrennfahren, Lehrlingsfahrer nach bestandener Zwischenprüfung oder Amateurfahrer nach einer abgelegten Prüfung sind zum Fahren in Trabrennen berechtigt. Amateuren ist es nach der Trabrennordnung untersagt, gegen Entgelt zu fahren, und wenn ein Ausweisinhaber wettet, darf er nur das von ihm gefahrene oder trainierte Pferd als Sieger benennen.

Fegentri-Rennen: Nur für Amateure zugelassene, in fast allen europäischen Ländern gestartete Rennen. Dabei werden Reiter aus dem Land des Rennveranstalters durch einen Punkteausgleich grundsätzlich benachteiligt, da es bei diesem Wertungssystem darauf ankommt, daß sich der Amateur vor allen Dingen im Ausland möglichst oft gut plaziert.

Flachrennen: Galopprennen über Distanzen von 1000 bis 4200 Metern, in Frankreich bis 4800 Metern.

Flieger: Schnelle Pferde, die auf kurze Distanzen spezialisiert sind und ihre Höchstleistung auf Strecken von 1000 bis 1400 Metern erreichen.

Fußfolge: Die natürliche Folge der Schritte, Tritte oder Sprünge in den drei Grundgangarten Schritt, Trab oder Galopp:

Schritt:
Bewegung im Viertakt. Aufsetzen der Beine in diagonaler Reihenfolge (z.B. rechts vorne – links hinten, links vorne – rechts hinten).

Trab:
Bewegung im Zweitakt, gleichzeitiges Vorwärtsbewegen und Aufsetzen eines diagonalen Beinpaars (z. B. rechts vorne – links hinten, links vorne – rechts hinten).

Galopp:
Bewegung im Dreitakt, Aufsetzen des äußeren Hinterfußes, dann eines diagonalen Beinpaars (innerer Hinterfuß fast gleichzeitig mit äußerem Vorderfuß), dann des inneren Vorderfußes (führender Fuß, der diese Gangart zu einem Rechts- oder Linksgalopp macht). Nach dieser Folge kurze Schwebephase bis zum nächsten Galoppsprung. Beim Renngalopp erfolgt ein Übergang zum Viertakt, der hohe Geschwindigkeiten bis zu 60 km/h erlaubt.

Führring: Hier werden die Pferde circa 15 Minuten vor dem Start dem Publikum vorgestellt. Eine letzte Möglichkeit, sich einen Eindruck vom Zustand des Pferdes zu machen, und die letzte Chance auch für Trainer und Besitzer, die im Führring aufsitzenden Jockeys mit Ordern zu versehen.

Gestüt: Pferdezuchtanlage in privater oder staatlicher Hand.

Gruppenrennen: Aufgewichtsrennen mit internationalem Anspruch, die von der europäischen Rennsportkommission in drei Gruppen unterteilt werden (Gruppe I stellt dabei die oberste Klasse dar). Gruppe-I-Rennen sind beispielsweise das Deutsche Derby (Hamburg), der Große Preis von Berlin (Düsseldorf), der Aral-Pokal (Gelsenkirchen), der Große Preis von Baden-Baden (Baden-Baden) oder der Preis von Europa (Köln). Die Sieger dieser Rennen bekommen demnach das gleiche Gewicht in den Sattel.

Handikap: Ausgleich, der zwischen 40 und 100 Kilogramm betragen kann (Gewicht von Reiter, Sattel und Bleigewichten).

Heimvorteil: Ersparte Anreisestrapazen und ein trainingsbedingt bekanntes Geläuf können die Gewinnchancen für ein Pferd, das auf seiner Hausbahn läuft, erheblich steigern. Hinzu kommt noch, daß ein eventueller Wechsel der Laufrichtung ausscheidet (die meisten Bahnen haben einen Rechtskurs – links herum wird beispielsweise auf deutschen Rennbahnen in Baden-Baden, Frankfurt, Hannover und München-Riem galoppiert).

Hindernisrennen: Überbegriff der Rennarten Hürdenrennen und Jagdrennen.

Hürdenrennen: Rennen über versetzbare Hindernisse aus Reisigbüschen. Kürzeste Distanz 2600 Meter.

Jagdrennen: Rennen über feste Hindernisse wie Mauern und Wassergräben. Die Distanzen betragen hierbei 3000 bis 6200 Meter. Eine Ausnahme bildet das berühmt-berüchtigte englische »Grand National« in Aintree bei Liverpool, denn bei dem 1939 zum ersten Mal ausgetragenen Rennen müssen die Pferde die 3600 Meter lange Bahn zweimal umrunden und dabei 30 heimtückische Hindernisse überwinden: Beim 139. »Grand National« beispielsweise erreichten von 40 Reitern nur 11 das Ziel – zur Renngeschichte gehören über 300 Pferdekadaver.

Jockey: Berufsrennreiter mit mindestens 50 Siegen im Sattel. Darauf zu achten, für welches Pferd sich der erste Stalljockey entscheidet, kann nie falsch sein: Als erster Mann im Stall hat er das Wahlrecht und wird sich für das chancenreichste Pferd entscheiden, da er im Falle eines Sieges fünf Prozent des Preisgeldes, doppeltes Reitgeld und meist noch eine Extraprämie vom Besitzer erhält.

Klassische Rennen: Hier dürfen nur dreijährige Pferde, die alle das gleiche Gewicht tragen müssen, starten. Klassische Rennen in Deutschland sind das Schwarzgold-Rennen und das Henckel-Rennen (beide über 1600 Meter), der Preis der Diana über

2200 Meter (nur für Stuten, daher auch »Stuten-Derby« genannt), das Deutsche Derby über 2400 Meter und das St. Leger über 2800 Meter.

Kunden: Dunkelgefärbte Vertiefungen auf der Oberfläche der Schneidezähne, die durch Abschleifen im Laufe der Zeit verschwinden und somit eine Altersbestimmung des Pferdes zulassen.

Nachwette: Progressionswettart nach einer verlorenen Wette. Beim nächsten Start wird wieder auf dasselbe Pferd gewettet – jedoch mit höherem Einsatz, um den Verlust sicher auszugleichen.

Nachwuchsrennen: Rennen für Lehrlinge im zweiten und dritten Ausbildungsjahr, die je nach Erfolg mit Aufgewichten bedacht werden:
nach 5 Siegen plus 1 kg
nach 10 Siegen plus 2 kg
nach 15 Siegen plus 3 kg usw.

Pacer: Auch Paßgänger genannte, nur in den USA zugelassene Renner, die nicht im Trab, sondern im Paß gehen (Auf- und Abfußung von jeweils einem gleichseitigen Beinpaar). Paßgang und Galopp sind bei europäischen Trabrennen ein Disqualifikationsgrund.

Penetrometer: Meßgerät zur Beurteilung der Bodenbeschaffenheit. Gemessen werden dabei die »Zentimeter Eindringtiefe« 200 Meter vor dem Ziel.

Pferdehimmel: Für die Tierkörperverwertungsanstalten sind alle Pferde gleich – »Pferd, mittelgroß« steht beispielsweise für einen Renner, der hohe Siegprämien eingaloppiert hat und nun zu Wurst und Seife verarbeitet wird.

Pferdewirt: Lehrberuf mit dreijähriger Grundausbildung, dann Teilung in vier Schwerpunkte: Pferdezucht und -haltung, Reiten, Rennreiten oder Trabrennfahren.

Preisgelder: Da die jährlichen Trainingskosten für alle Rennpferde wesentlich höher sind als die Summe der ausgesetzten Preisgelder, verdienen nur wenige Besitzer mit ihren Rennern wirklich Geld, während die meisten Gestüte rote Zahlen schreiben. Das Preisgeld wird auf die vier erstplazierten Pferde aufgeteilt. Bei den deutschen Trabern zum Beispiel wurden im Jahre 1987 bei 9139 gelaufenen Rennen an 789 Renntagen 51 666 030 Mark an Rennpreisen, 5 166 603 Mark an Züchterprämien und 2 647 Mark an Ehrenpreisen ausgeschüttet.

Rennfarben: Auch Stallfarben genannter bunter Renndreß, den jeder Besitzer eintragen lassen muß. Beispielsweise waren die Rennfarben des erfolgreichen Schweizer Stalls Aintree bis zum Erlöschen der für fünf Jahre gültigen Eintragung am 31. 12. 1988 »grün, rote Tupfen, schwarze Kappe« (im Jahre 1987 errang der Stall bei 106 Starts zwölf Siege, neun zweite Plätze, sechs dritte Plätze, elf vierte Plätze und zehn fünfte Plätze und gewann damit 126 700 Franken).

Rennordnung: Verbindliches Regelwerk (Satzungen, Wettkampfordnung usw.) für alle am Rennsport beteiligten Vereinigungen, Personen und Teilnehmer. Und obwohl die Schiedsgerichte den Namen »Gericht« tragen und der jeweilige Obmann die Befähigung zum Richteramt haben muß, handelt es sich hierbei nicht um staatliche Gerichte – die Entscheidungen dieser Einrichtungen können also nach Ausschöpfung des vereinsinternen Rechtswegs und auf Klage von den staatlichen Gerichten überprüft werden.

Rennquintett: Mickrige Quoten und ein für Laien undurchsichtiges Wettsystem führen zu einem allmählichen Untergang dieser Veranstaltungen. 1971 gegründet, machte das Rennquintett einen

Jahresumsatz von über 27 Millionen Mark, der 1978 seinen Höchststand bei knapp 66,5 Millionen Mark erreichte. 1987 betrug der Rennquintettumsatz ganze 6,3 Millionen Mark, da die Wetter beim Buchmacher oder am Totalisator einfach mehr verdienen: So konnte man beispielsweise bei einem Rennen im Rennquintett für 2 Mark Einsatz etwas über 800 Mark gewinnen – am Totalisator brachte die vergleichbare, richtig getippte Dreierwette fast 37 000 Mark.

Scheuklappen: Lederklappen am Kopfgestell oder an einer Kapuze, die eine automatische Scheu- und Fluchtreaktion des Pferdes verhindern soll, wenn es von anderen Pferden oder Wagen überholt wird – immerhin hat das Pferd durch die seitliche Lage seiner Augen einen Gesichtskreis von fast 360 Grad.

Stallform: Sieger stecken ihre Stallgenossen an und können im Stall eine euphorische Stimmung verbreiten – so kommt es auch, daß »unerwartet« ein Außenseiter gewinnt, dem die meisten Wetter keine Beachtung geschenkt haben. Die Stallform, aber auch die Form eines Trainers oder Jockeys läßt sich anhand der Jahresstatistiken in den entsprechenden Fachzeitschriften gut verfolgen.

Startboxen: Sie schaffen beim Start für alle Teilnehmer die gleichen Voraussetzungen. Oft haben die Renner Angst vor den engen Boxen und verzögern somit den Start, obwohl sie bereits als Einjährige mit dem Eingesperrtsein in den Boxen vertraut gemacht werden.

Steher: Sie sind die »Langstreckler« unter den Galoppern, die im Gegensatz zu den Fliegern Distanzen ab 2400 Metern (klassische Derby-Distanz) am liebsten haben.

Stockmaß: Widerristhöhe, die mit einem stabförmigen Zentimetermaß bestimmt wird und ungefähr zehn Zentimeter weniger ausmacht als das Bandmaß, das auch die Ausbiegung der Schulterpartie umfaßt.

Sumpfhuhn: Renner, der auf weichem, matschigem Boden zu seiner Höchstform aufläuft. Zum erfolgreichen Wetten gehört unbedingt die Berücksichtigung von solchen Eigenheiten, da manche Pferde ausgesprochene Jahreszeiten- oder Bodenspezialisten sind.

Totalisator: Rennvereine haben die Erlaubnis zum Betrieb eines Totalisators, kurz Toto genannt. An diesen wie Ladenkassen aussehenden Geräten werden Wetten angenommen, Einsätze und Quoten elektronisch ausgerechnet sowie Gewinne ausgezahlt. Der Elektronentoto ermöglicht auch die schnelle Übertragung der getätigten Einsätze mit den zu erwartenden Gewinnquoten über das Rennbahnfernsehen.

Turf: engl. = Rennbahn, aber auch allgemeine Bezeichnung für den Pferderennsport.

Verkaufsrennen: Galopprennen, nach dem das Siegerpferd öffentlich versteigert wird. Das zu tragende Gewicht wird hierbei durch den vom Besitzer festgelegten Mindestpreis bestimmt, so daß ein Renner, der beispielsweise mit 10000 Mark veranschlagt wird, wesentlich weniger Gewicht tragen muß als ein Pferd, für das der Besitzer mindestens 50000 Mark möchte.

Wettarten: Sieg-, Platz-, Ita-, Trita-, Einlauf-, Dreier-, Zwillings-, Drillings-, Stall-, Kombinations-, Verbindungs-, Voll-Schiebe-Wetten, Teil-Schiebe-Wetten, Tiercé-Wetten, Finish-Wetten sowie feste Wetten können vor den Rennen getätigt werden. Die jeweiligen Quoten werden dazu in einer Kurzform angegeben: 4200:10 bedeutet zum Beispiel, daß für 10 Mark Einsatz 4200 Mark ausbezahlt werden; entsprechend vermindert sich die Auszahlung auf 1050 Mark, wenn der Einsatz nur 2,50 Mark beträgt.

Zuchtrennen: Flachrennen, bei dem alle Pferde eines Jahrgangs das gleiche Gewicht tragen, um die Jahrgangsbesten zu ermitteln. Lediglich die Stuten tragen hierbei aufgrund der sogenannten Stutenerlaubnis grundsätzlich zwei Kilogramm weniger Gewicht.

Galopper und Traber – kleine Pferdekunde

Daß die Spekulanten beim Turf nicht nur hinter den Wettschaltern stehen, sondern auch auf Besitzerseite zu finden sind, zeigen die folgenden beiden Beispiele, die zugleich beweisen, wie sehr der Turf-Sport von seinem Mittelpunkt – nämlich dem Pferd – abhängig ist:

Scheich Mohammed Al Maktoum aus Dubai, der zusammen mit seinen Brüdern Scheich Hamdan Al Maktoum und Scheich Maktoum Al Maktoum die internationalen Vollblutpreise wie ein Magnet anzieht, seitdem sie vom Rennkamel aufs Pferd umgestiegen sind, als in den siebziger Jahren die Erdölpreise explodierten, setzte 1983 genau 10,2 Millionen Dollar in den Sand. Für diese Rekordsumme ersteigerte er in Kentucky den Jährling Snaafi, der sich, obwohl edelster Abstammung, als völlig untauglich erwies und nie eine Rennbahn betreten hat.

Und da war der Hengst Siegel, der als Jährling ausschlug und biß, sobald ihn jemand anrühren wollte, und aufgrund seiner Bösartigkeit auf der Schlachterliste stand. Für ein paar hundert Mark erwarb ihn der Pferdepfleger Horst Berghtholdt und begann ihn ohne Peitsche und mit guten Worten zu trainieren. Als er schließlich als Zweijähriger an den Start kam, ertrabte Siegel für seinen Besitzer, Trainer und Fahrer mehr als eine halbe Million Mark – sein letztes Rennen gegen die gesamte deutsche Traberspitze gewann der Hengst als Vierjähriger, bevor er unter mysteriösen Umständen einging.

Harmonisches Exterieur und lebhaftes Temperament sind die wichtigsten natürlichen Anlagen, die ein zukünftiger Traber mit in das Training bringen muß. Bei der Ausbildung, die zunächst an die Zügel und dann an den Sulky gewöhnt, steht im Vordergrund das geschickte Balancieren: Gewichte zwischen 50 und 150 Gramm an den Hufeisen der Vorderbeine sollen für ausgewogene Aktion und gleichmäßiges Tempo sorgen, zudem verhindern die Gewichte bei größeren Geschwindigkeiten ein Aneinanderschlagen der Beine. Mit fortschreitender Ausbildung wird das Tempo zum Renntrab gesteigert, und das Pferd muß lernen, seinen natürlichen Drang zum Galopp zu verlieren, wenn es aufgefordert wird, schneller zu gehen – der Renntrab ist durchaus keine natürliche Gangart, selbst wenn hier durch Selektionszucht bereits Erfolge erzielt worden sind. Als Zweijähriger wird das talentierte Pferd schließlich zu Rennen zugelassen, die zunächst nur über eine Meile gehen. Traber haben eine längere Laufbahn als Galopper, so daß beispielsweise in Schweden Hengste bis zu einem Alter von zwölf und Stuten bis zu einem Alter von zehn Jahren an den Start gehen.

Sportliche Gewandtheit, Kampfgeist sowie die Fähigkeit, sich vollkommen zu entspannen, sind die mehr als vagen Kriterien, aufgrund deren ein zukünftiger Galopper bereits als Einjähriger ins Training genommen wird. Ruhiger Galopp und Renngalopp als Arbeitsprogramm verhindern die Ausbildung nachteiliger sowie unnötiger Muskelpartien und steigern die Lungen- und Herzkapazität. Als Zweijährige bestreiten die noch nicht erwachsenen Pferde üblicherweise die ersten Rennen, um sich dann als Dreijährige der großen Konkurrenz zu stellen. Erfolgreiche Pferde werden bald aus dem risikoreichen Renngeschehen genommen und für die einträgliche Zucht freigestellt, während weniger siegreiche und für die Zucht nicht geeignete Galopper eine zweite Karriere in Hindernisrennen zu beginnen pflegen.

Das Training und die dafür zu unterhaltenden Anlagen sind eine kostspielige Angelegenheit, insbesondere wenn man berücksichtigt, daß ein erstklassiges Rennpferd schon vor seiner knapp zweijährigen Rennbahnkarriere durch zahlreiche Leistungsprüfungen fallen kann. Wie hart hier die Auswahl ist, zeigt das Beispiel Deutsches Derby: Bereits als Jährlinge gemeldet, dürfen von den rund 300 Nennungen pro Jahr nur weniger als 10 Prozent mitlaufen.

Gestüte und Trainer

Züchter gibt es weit mehr als genug, und rund 80 Prozent von ihnen haben nur eine oder zwei Stuten im Stall. Für diese Minigestüte bestehen in der Regel wenig Aussichten auf sensationelle Siege, da den kleinen Besitzern meist die Mittel für eine entsprechende Vorbereitung fehlen. Eine defizitäre Paarung aus Freude am Vollblut und Besitzerstolz dürften bei dieser Gruppe vorherrschen, die beispielsweise von Kroetz, Boenisch und anderen Persönlichkeiten des öffentlichen Lebens prominent repräsentiert wird – Alain Delon, der bis Ende der siebziger Jahre hinter einem der besten Ställe Frankreichs stand, hat sich dezent vom Rennsport zurückgezogen, nachdem sein Trainer Philippe Allaire wegen eines großen Wettschwindels zu einigen Jahren Gefängnis verurteilt wurde.

Großer Name, großes Geld – international wird der Galoppsport von wenigen Ställen beherrscht: Robert Sangster, Stavros Niarchos, Aga Khan und den Maktoum-Brüdern folgen die Siege auf dem Fuß, da sie die nötigen Mittel aufbringen, um nur das Feinste von Pferd, Trainer, Gestütsleiter und Jockey zu akzeptieren. In Deutschland macht Kaffeekönig Jacobs mit seinem Gestüt Fährhof das Rennen, das mit mehreren Millionen Mark Gewinn weit vor den anderen Erfolgsgestüten Röttgen, Zoppenbroich, Schlenderhan, Buschhof, Erlengrund, Charlottenhof oder Bona liegt. Bei den Trabern steht der Züchter Alwin Schockemöhle an der Spitze, der mit Toppino, Every Way und Diamond

Way zum dritten Mal hintereinander den begehrten Titel »Traber des Jahres« erhielt.

In der Schweiz dominieren bei den Galoppern der Stall Aintree, der Stall Wisa sowie die Besitzer Züger und Bächtold, beste Trainer des Jahres 1987 waren Woop, Schafflützel, Weiss und Klein. Die erfolgreichsten Galopper stellten Werren, Bielmann, Devaud sowie der Stall Pastourelle, den Trainingserfolg teilten sich Schneider, Pommer, Perrin und Pittet.

Champion unter den Trainern ist jedoch der gebürtige Berliner Heinz Jentzsch, der gleich mehrere renommierte Zuchtstätten in dem Weidenpeschener Alsterblüte-Stall betreut. Mit über 3000 Siegen im Trainerberuf und 27 Championaten gilt Jentzsch weltweit als Meister unter den Trainern – 6 Siege beim Deutschen Derby in Hamburg stellen dabei nur einen Teil des respektablen Erfolges dar, der auch bei Gastspielen im Ausland nicht ausblieb. Und eng mit dem Namen Jentzsch verbunden ist natürlich Acatenango, der »galoppierende Geldschrank«, der bis zu seinem letzten Sieg beim Großen Preis von Baden-Baden als Fünfjähriger genau 1744541 Mark eingaloppiert hat. Abgesehen davon, daß Jentzsch den Fuchshengst trainierte, trug jedoch schon lange vorher Besitzer Jacobs zum Werdegang des Renners bei: Dem Schauspieler Omar Sharif kaufte er die Stute Suncourt ab, die er ausschließlich von Klassehengsten bespringen ließ – der Erfolg war Enkel Surumu (1977 Fährhofs erster Derby-Sieger) und schließlich Urenkel Acatenango, der nicht nur ein großer Steher, sondern Deutschlands erfolgreichstes Sportpferd aller Zeiten war.

Ein weiterer Trainer, Sven von Mitzlaff (sieben Derby-Siege), machte von sich reden, als es 1979 dem Zoppenbroicher Hengst Königsstuhl erstmals in der Geschichte des deutschen Turfs gelang, die dreifache Krone zu gewinnen: Als Dreijähriger siegte er im Henckel-Rennen, im Deutschen Derby und im St. Leger. Mitzlaff betreute auch die Stute Las Vegas, die 1984 bei neun Starts sieben Siege sowie einen Platz errang und damit für ihre Besitzerin über 300000 Mark gewann. Ilse Buscher zeigte übrigens

Rückgrat: Da sie die Stute für die deutsche Vollblutzucht erhalten wollte, schlug sie Millionenangebote aus dem Ausland aus und wurde für diese noble Geste zur »Turf-Persönlichkeit des Jahres« gekürt.

Jockeys – Marionetten oder Helden?

Rund 600000 Pfund soll der weltberühmte englische Ex-Starjockey Lester Piggott, der oft für die Königin im Sattel saß, während des Zeitraums vom 1. 11. 1979 bis zum 31. 10. 1985 an Steuern hinterzogen haben. Eine stolze Summe, die die meisten Jockeys während ihrer gesamten Laufbahn nicht einmal verdienen. William Lee Shoemaker lautet ein anderer legendärer Name: Mit 56 Jahren, knapp 50 Kilogramm Gewicht, 1,50 Meter Größe und einer Schuhnummer von 32 gewann der weltbeste Jockey aus den USA in 39 Berufsjahren über 8700 von knapp 40000 gerittenen Rennen. 118 Millionen Dollar hat er dabei für die Besitzer eingaloppiert, 10 Prozent davon gingen in die eigene Tasche. Bill Shoemaker möchte die 10000 voll machen – und wenn er bis zum 70. Lebensjahr reiten muß.

Mit knapp 1000 Siegen schneidet der 29jährige ehemalige Gewichtheber Georg Bocskai, der seit 1982 erster Jockey am Alsterblüte-Stall von Trainer Heinz Jentzsch ist, auch nicht gerade schlecht ab, doch seine Tage sind gezählt: Wegen Gewichtsproblemen, die ihn seit vielen Jahren plagen, wird sein Vertrag vermutlich Ende 1988 ausgelaufen sein, und er wird – wie viele Jockeys – eine zweite Karriere als Trainer beginnen.

Trotz Saunabesuchen, Läufen mit schweren Stiefeln und doppelten Trainingsanzügen sowie Wasserentzugstabletten hat sich der ständige Kampf um das niedrige Körpergewicht zu einem Grundsatzproblem des Galopprennsports entwickelt, dem nur zwei Maßnahmen entgegengesetzt werden können: Entweder wird das Grundgewicht aufgewertet, oder den Jockeys wird das Hungern besser honoriert.

Denn ein Traumberuf für die Jockey-Lehrlinge ist es nicht gerade, für knapp 1500 Mark im Monat täglich um fünf Uhr mit der Morgenarbeit zu beginnen und am Wochenende für rund 80 Mark pro Ritt Kopf und Kragen zu riskieren. Und wenn sich der Pferdewirt nach 50 Siegen endlich Jockey nennen darf, sind Spitzenverdiener wie Mäder, Remmert, Klein, Alafi, Woodburn oder Tylicki die große Ausnahme: Nur rund ein Dutzend der deutschen Rennreiter kommt auf mehr als 50000 Mark Jahreseinkommen.

So sind Jockeys nach wie vor leichte Beute für dunkle Hintermänner, die mit vergleichsweise niedrigem Einsatz immer wieder versuchen, zu ihren Gunsten an den Wettquoten zu manipulieren. Prominentes Beispiel ist hier der mehrfache Champion Peter Remmert, der in den siebziger Jahren bei einem Düsseldorfer Rennen sein Pferd High Soks für magere 5000 Mark bewußt zurückgehalten hat – eine lange Sperre war die Folge. Oder Vicky Furler, die Ende 1986 für zehn Monate die Lizenz verlor, weil sie bei einem Rennen in Frankfurt ihr Pferd Karat am Sieg gehindert hat.

Daß zudem noch das Gerücht umgeht, daß die meisten Jockeys gar nicht richtig reiten können, sondern höchste Not daran haben, die erforderliche Balance zu halten, bestätigt Spitzentrainer Bollow mit markigen Worten: *»Im Endkampf können die nicht einmal die Peitsche von einer Hand in die andere wechseln, um ihr Pferd geradezuhalten.«* So hat auch Fährhof-Besitzer Jacobs längst die Konsequenz gezogen und läßt bei Rennen im Ausland nur noch Ausländer auf seine Pferde, und wenn ausländische Trainer ihre Pferde zu Rennen nach Deutschland schicken, werden die Reitgesuche deutscher Jockeys in der Regel gnadenlos abgewiesen.

Falls Sie mit dem Gedanken spielen, diesen ausgesprochenen Mangelberuf mit hohem Bedarf an männlichem Nachwuchs zu ergreifen, hier eine kleine Kostprobe, was den zukünftigen Speiseplan betrifft:

Montag

Frühstück:	Kaffee ohne Milch
Mittag:	gebackene Ente mit Gemüse und Kartoffeln
Abend:	Käse mit Vollkornbrot, Tomatensalat mit frischen Kräutern

Dienstag

Frühstück:	Kaffee ohne Milch
Mittag:	Steak mit gemischtem Salat, Folienkartoffel mit Quark
Abend:	geräucherter Fisch, Vollkornbrot

Mittwoch

Frühstück:	Kaffee ohne Milch
Mittag:	Kochfisch mit grünem Salat (entfällt an Renntagen)
Abend:	gekochter Schinken, Käse, Vollkornbrot

Donnerstag

Frühstück:	Kaffee ohne Milch
Mittag:	frische Hühnersuppe
Abend:	Quark mit Früchten

Freitag

Frühstück:	Kaffee ohne Milch
Mittag:	kleiner Feldsalat mit Thunfisch und Ei
Abend:	Buttermilch oder Joghurt

Samstag

Frühstück:	Kaffee ohne Milch
Mittag:	kleiner Meeresfrüchtesalat (entfällt an Renntagen)
Abend:	frischer Orangensaft

Sonntag

Frühstück:	Kaffee ohne Milch
Mittag:	entfällt
Abend:	Gericht nach Wunsch

So sieht ein Wochenspeiseplan aus, den Ehefrau Irene für den Deutschen Meister der Flach-Jockeys, den 30jährigen Andrzej Tylicki, aufstellt, damit der gebürtige Pole sein vertraglich vereinbartes Gewicht von 52 Kilogramm nicht überschreitet.

Rennbahnen und Bodenverhältnisse

Mit einer Galopprennbahn in Wien-Freudenau und Trabrennbahnen in Wien-Krieau, Baden, Wels, Salzburg, Graz-Wildon, Gröbming, St. Veit an der Glan und St. Pölten liegt das Schwergewicht in Österreich eindeutig bei den Trabern.

Auf den eidgenössischen Rennbahnen in St. Moritz, Arosa, Yverdon-les-Bains, Fehraltorf, Aarau, Zürich-Dielsdorf, Frauenfeld, Basel, Saignelégier, Luzern und Maienfeld wird sowohl galoppiert als auch getrabt, in St. Moritz kann man auch beim Skijöring wetten.

Deutsche Galopprennbahnen sind in Baden-Baden, Bremen, Dortmund, Düsseldorf, Frankfurt, Gelsenkirchen, Hamburg-Horn, Hannover, Bad Harzburg, Haßloch, Köln, Krefeld, Mannheim, Mülheim/Ruhr, München-Riem, Saarbrücken und Neuss, getrabt wird in Berlin-Mariendorf, Hamburg-Bahrenfeld, Gelsenkirchen, Recklinghausen, Mönchengladbach, Dinslaken, München-Daglfing und München-Riem, Straubing, Elmshorn, Herxheim, Mühldorf, Pfaffenhofen, Pfarrkirchen, Karlsruhe-Knielingen, Erbach, Saarbrücken/Güdingen, Heiligenwald und Haßloch.

Trabrennen werden bei uns üblicherweise auf Sandbahnen mit wasserdurchlässigem Asphaltunterbau gefahren, und das meist ovale, rund 25 Meter breite, ebene, in den Kurven beachtlich überhöhte Geläuf ist 800 bis 1200 Meter lang, wobei die Distanzen je nach Festlegung in der Ausschreibung 1600 bis 4200 Meter betragen. Trabrennen können in der Bundesrepublik an jedem Tag der Woche besucht werden, wobei bei den werktäglichen Starts am frühen Abend unter Flutlicht getrabt wird. Wettprofis und Rennbahnfans können anhand des jährlich vom Hauptverband für Traberzucht und -rennen herausgegebenen Terminkalenders praktisch jeden Tag bei einem anderen Rennen dabeisein und, so sie etwas vom Geschäft verstehen, sogar noch dabei verdienen.

Bei den Galoppern flüstern sich die Profis gegenseitig die Eindringtiefen-Zentimeter ins Ohr, und sie tun gut daran: Denn obwohl die Trainer bereits die grobe Vorarbeit leisten, indem sie unter den Jahreszeiten- und Bodenspezialisten in der Regel nur diejenigen Renner anmelden, die die größten Aussichten auf einen Erfolg haben, müssen plötzliche Wetterumschwünge mit ins Kalkül gezogen werden. Die Beschaffenheit des Geläufs wird vor Beginn eines jeden Rennens bekanntgegeben, und man ist gut beraten, sich darauf zu besinnen, wie die Bodenverhältnisse im heimischen Trainingsgeläuf des jeweiligen Pferdes sind. Mit einem Penetrometer genannten Bodenmeßgerät wird die Beschaffenheit des Geläufs in »Zentimeter Eindringtiefe« jeweils 200 Meter vor dem Ziel einheitlich gemessen. Für die Beurteilung ist dabei folgende Skala festgelegt:

Bodenzustand	*Zentimeter Eindringtiefe*
hart	0–1,4
fest	1,5–2,9
gut	3,0–4,4
weich	4,5–5,9
schwer	6,0–7,4
tief	7,5 und mehr

Ein weiterer Punkt, auf den die Wetter achten sollten, ist die Laufrichtung, mit der die Rennen ausgetragen werden. Die meisten deutschen Galoppgeläufe haben einen Rechtskurs – links herum wird nur in Baden-Baden, Frankfurt, München-Riem und Hannover galoppiert. So können beispielsweise Münchener Pferde auf der Bahn von Iffezheim/Baden-Baden einen Heimvorteil wegen der gleichen Laufrichtung einbringen – ein Aspekt, der natürlich nur in Verbindung mit anderen Auswahlkriterien berücksichtigt werden darf.

Buchmacher – ein ehrenwerter Beruf

Seit 1928 ist in der Bundesrepublik Deutschland das gewinnbringende Geschäft mit den Pferdewetten legal, und die 54 Buchmacher mit rund 100 Annahmestellen verdienten im Jahr 1987 nicht schlecht daran: Bei 131 Millionen Mark, die von den Wettern als Bruttoeinsätze aufgebracht wurden, konnte die Gewinnausschüttung ruhig 72 Prozent betragen – übrig blieb allemal genug. In Österreich beschränken sich die Buchmacher schwerpunktmäßig auf den Großraum Wien, wobei seit Mitte 1988 nicht nur Wetten auf Pferderennen, sondern auf alle Sportarten angenommen werden dürfen. Es wird sich weisen, inwieweit diese Änderung zu »englischen Verhältnissen« ausufern läßt, denn im Königreich wird so ziemlich auf alles gewettet, was sich bewegt. Nur die Schweiz blieb bisher standhaft und verbietet jegliche Art von Buchmachergeschäften innerhalb der Landesgrenzen – die Wetter müssen sich mit dem Totalisator begnügen und sich schon persönlich auf die Rennbahn begeben, wenn sie auf ein Pferd setzen wollen.

Buchmacher und Mafia – oft in einen Zusammenhang gebracht, der dazu angetan ist, Verwirrung zu stiften, denn es ist grundsätzlich zu unterscheiden zwischen behördlich zugelassenen Wettbüros, deren Betreiber jedes Jahr ihre Konzession neu beantragen und die Durchschläge der Wettscheine zu Überprüfungszwecken jahrelang aufbewahren müssen, und illegalen Buchmachern, die keine Wettsteuer zahlen und somit die höheren Quoten anbieten können. Zugegeben, ein wenig nach Wildwest-Saloon sehen die meisten Wettbüros schon aus, und gerade dieses Ambiente lockt zuweilen Typen an, die in ein vergleichsweise elegantes Spielcasino vergeblich Einlaß begehren würden. Doch ist dieser Umstand für einen unbefangenen und neutralen Wetter unbeachtlich, und jedermann, dem die Zeit für »Live-Wetten« fehlt, kann sich getrost in die Annahmestellen trauen, die meist in der Nähe großstädtischer Bahnhöfe zu finden sind. Praktischer Service: in- und ausländische Fachzeitschriften, regionale Informationen, Bekanntgabe der Vorwetten und Vorquoten, Reportagen von allen deutschen und französischen Rennplätzen sowie die Möglichkeit, nach Feierabend auch die Abendrennen zu wetten.

Genau 16 ⅔ Prozent müssen die Buchmacher in Form der Rennwettsteuer an ihr jeweiliges Bundesland abführen, und sie befinden sich dabei gegenüber den Rennvereinen im Nachteil: Zwar müssen die Rennvereine von ihren Totalisatoreinnahmen ebensoviel abführen, erhalten ihre Steuern jedoch zu 90 Prozent zurück. Der Staat hält nämlich diesen Wettveranstaltern zugute, daß die Rennen hauptsächlich der für die Pferdezucht unerläßlichen Auslese dienen und weniger dem Vergnügen – ausgetragen wird dieser Unsinn auf dem Rücken der Wetter, die auf ihre Einsätze beim Buchmacher einen 15prozentigen Steueraufschlag hinlegen müssen. Ein weiterer Punkt verschafft den Rennvereinen, die mit 528 Millionen Mark Wettbruttoeinnahmen bei einer Gewinnausschüttung von 75 Prozent im Jahre 1987 ein Mehrfaches der Buchmacher verdienten, einen erheblichen Vorteil: Bei der ausschließlich den Rennvereinen erlaubten Totalisatorwette werden die Einsätze bis kurz vor dem Start gesammelt und erst nach dem Rennen die endgültigen Quoten ermittelt. Die Buchmacher dagegen müssen bereits vor dem Start die Quoten verbindlich festlegen und tragen somit eindeutig das höhere Risiko.

Zur Zeit (August 1988) schwebt über dem deutschen Buchmacherhimmel eine dicke Wolke namens Ladbroke – der führende britische Wettkonzern und Hilton-Aufkäufer mit knapp fünf Milliarden Mark Jahresumsatz und eigenen Rennbahnen in England und den USA ist drauf und dran, die meist alteingesessenen Familienunternehmen vom Markt zu schubsen. Unterstützung findet der Branchenriese bei seinem Vorhaben bei der Galopperdachorganisation, dem Direktorium für Vollblutzucht und Rennen, die ihre fallenden Totalisatorumsatzkurven auf diese recht unpatriotische Art auffangen will. Als fast »unanständig« könnte man dabei die Absicht bezeichnen, daß der den Rennvereinen zugestandene Status der Gemeinnützigkeit auch auf Ladbroke übertragen werden soll, der damit jede Wette um genau 16 ⅔ Prozent billiger anbieten könnte als die deutschen Buchmacher. Eine Ladbroke Racing GmbH in Köln ist bereits gegründet, über eine Buchmacherlizenz entscheidet gerade die rheinland-pfälzische Landesregierung, und die Pläne für 1000 bis 2000 in der Bundesrepublik verteilte Wettläden liegen auf dem Tisch. Doch damit nicht genug: Die Rennvereine verhandeln parallel noch mit dem französischen Wettmonopolisten PMU (Pari Mutuel Urbain), der im westlichen Nachbarland bei den ausgesprochen populären Pferdewetten mit rund 6100 Annahmestellen knapp acht Milliarden Mark im Jahr umsetzt.

Doch solange diese ehrgeizigen Pläne, mit denen sich die Rennvereine ihr eigenes Grab schaufeln könnten, noch nicht in die Wirklichkeit umgesetzt sind, darf weiter bei den heimischen Buchmachern gewettet werden, die natürlich alles daran setzen, eine deutsche Lösung zu finden. Ein erster Ansatzpunkt wurde mit jenem Kooperationsvertrag gemacht, den die Buchmacher und die Trabrennvereine mit dem Ziel geschlossen haben, in Zukunft eng zusammenzuarbeiten. Seit diesem erst vor kurzer Zeit geschlossenen Kontrakt ist es möglich, beim Buchmacher für alle Galopp- oder Trabrennen eine sogenannte Vorwette abzugeben: Sie muß weit vor dem jeweiligen Start abgegeben werden und wird vom Buchmacher direkt an den Bahntotalisator weitergegeben, beeinflußt also die Quote, hat aber den Vorteil, daß hierbei der übliche Steueraufschlag von 15 Prozent entfällt.

Üblicherweise kann beim Buchmacher bis unmittelbar vor dem Start gewettet werden, und zwar nicht nur für inländische Veranstaltungen, sondern auch für Rennen in Frankreich und England. Dabei richtet sich die Gültigkeit einer Wette nicht nach der Planstartzeit, sondern nach der effektiven Startzeit (die in den Rennsportzeitungen nach dem Rennen veröffentlichte Zeit). Wurde ein Rennen beispielsweise tatsächlich um 18.33 Uhr gestartet, so macht eine durch die Registrierkasse aufgedruckte Annahmezeit von 18.34 Uhr den Wettschein ungültig – liegt die Annahmezeit jedoch bei 18.33 Uhr oder früher, ist die Wette rechtsgültig.

Eine weitere Möglichkeit besteht in der Wette zum Festkurs, bei der der Auszahlungskurs bereits bei Abschluß der Wette feststeht. Die Festwette ist vor allem für die großen in- und ausländischen Rennen interessant, für die bereits mehrere Monate vorher auf die gemeldeten Pferde gesetzt werden kann. Von Vorteil sind die bei langem Zeitabstand hohen Quoten, von Nachteil, daß der Einsatz verloren ist, falls das Pferd nicht starten, ohne Wetten laufen oder nicht startberechtigt sein sollte.

Sollten Sie Lust verspüren, nicht nur auf Pferde, sondern auch auf Wahlergebnisse, Bundesligaspiele, Goldpreisentwicklungen oder andere Ereignisse zu setzen, müssen Sie sich an einen der Londoner Buchmacher wenden, bei denen im Prinzip auf alles gewettet werden kann.

William Hill zahlt beispielsweise 100:1, wenn Schauspieler Clint Eastwood die US-Präsidentschaftswahl 1992 gewinnt. Verloren haben alle Wetter, die gegen Ladbroke Racing Ldt. mit einer Quote von 200:1 gewettet haben, daß 1987 das Ungeheuer von Loch Ness gefangen wird. Gewonnen hat dagegen ein Brite, der 1961 mit der Traumquote 1000:1 10 Pfund darauf setzte, daß innerhalb der nächsten zehn Jahre ein Mensch auf dem Mond landet – am 21. Juli 1969 durfte er 10000 Pfund einstecken.

Der Phantasie sind hier keine Grenzen gesetzt (ausgenommen von Wetten sind – um niemand zu einer Untat zu verführen – Todesdaten und Katastrophen), und rund 20000 Deutsche, die bei SSP Overseas Betting in der Computerkartei stehen, erhalten sogar wöchentlich einen Tipschein zugeschickt, auf der die wichtigsten Ereignisse aufgeführt sind.

Wetten – Arten und Technik

Nachdem Sie sich ausgiebigst über Züchter, Trainer, Jokkeys, Pferde und ihre jeweilige Stallform sowie über die aktuellen Bodenverhältnisse erkundigt haben, steht einer erfolgversprechenden Wette auf Ihren Favoriten nichts mehr im Wege. Haben Sie einmal Ihren Entschluß gefaßt, lassen Sie sich keinesfalls durch provozierende Bemerkungen von Mitwettern, die ihre eigenen Quoten verbessern wollen, aus dem Konzept bringen. Und falls Sie ein Auge für Pferde haben, können Sie kurz vor dem Start Ihren Favoriten noch einmal im Führring auf seine Tagesform begutachten: »Fit and well« sollte er sein, die Rippen müssen ansatzweise erkennbar sein, das Haar muß glänzen, das Pferd darf nicht schwitzen, sondern es sollte ruhig, gelassen und aufmerksam sein. Ein Anhaltspunkt für ein entspanntes Pferd ist, daß es einen leicht flockigen Schaum vor dem Mund hat, daß es abkaut, wie der Fachmann sagt.

Eines noch: Wer aus einer der mittleren Startboxen startet, hat einen kleinen Vorteil und somit die besseren Chancen. Und wie Sie diese Chancen in einen Gewinn verwandeln können, zeigt die folgende Aufstellung aller möglichen Wettarten:

Siegwette: Eine unproblematische und deshalb populäre Wettart, bei der das von Ihnen gewettete Pferd als erstes durch das Ziel gehen muß.

Platzwette: Die einfachste Wettart mit entsprechend niedrigen Quoten. Ihr Favorit muß im Ziel unter den ersten drei einlaufenden Pferden sein. Sind weniger als sieben Pferde am Start, muß es als Erster und Zweiter in das Ziel laufen.

Ita-Wette: Hier haben Sie gewonnen, wenn Ihr Pferd Zweiter wird. Als Belohnung winkt ein Gewinn, der das Zweieinhalbfache der Platzquote ausmacht (beträgt die Platzquote beispielsweise 40:10, so entspricht das einer Ita-Quote von 100:10). Bei nur zwei Platzquoten reduziert sich der Gewinn auf das Zweifache der Platzquote.

Trita-Wette: Auch hier beträgt der Gewinn das Zweieinhalbfache der Platzquote, wenn sich Ihre Vorhersage erfüllt und Ihr Pferd Dritter wird – unter der Voraussetzung allerdings, daß es drei Platzquoten gibt.

Zweierwette (Einlaufwette, kleiner Einlauf): Haben Sie den Sieger und das zweitplazierte Pferd in der richtigen Reihenfolge vorausgesagt, können Sie mit einer relativ hohen Quote rechnen. Mit doppeltem Einsatz gehen Sie dem Risiko aus dem Weg, zwar die richtigen Pferde, aber die falsche Reihenfolge zu wetten: »Hin und zurück« heißt das Stichwort, mit dem Sie gewinnen, wenn der Einlauf »Pferd 1 – Pferd 2« oder »Pferd 2 – Pferd 1« lautet.

Dreierwette (großer Einlauf, Tiercé-Wette): Sehr schwierig, aber auch sehr lukrativ, denn die Quoten für eine richtig getippte Dreierwette können sich meist sehen lassen (Spitzenquote beim Deutschen Derby: 368 228:10). Dabei sind die ersten drei Pferde in der richtigen Reihenfolge ihres Einlaufs vorherzusagen.

Fünferwette: Bisweilen (August 1988) nur in Hannover und lediglich in einem Rennen pro Veranstaltung wird eine neue Wettart getestet, die jedem Gewinner auf einen Schlag einen enormen Geldsegen bescheren wird: Bei der Fünferwette sind die ersten fünf Pferde in korrekter Reihenfolge zu treffen. Nachdem es nur einen Gewinnrang gibt, wandern die gesamten Wetteinsätze in einen Jackpot, falls die Wette nicht getroffen wurde – zur Aufstockung der Gewinnsumme am nachfolgenden Renntag.

Zwillingswette: Französische Variante der Zweierwette, bei der es ausreichend ist, die ersten beiden Pferde in beliebiger Reihenfolge zu treffen. Diese Wette entspricht somit der Zweierwette »hin und zurück«.

Drillingswette (Triowette): In Frankreich und in der Schweiz praktizierte Wette, bei der die ersten drei Pferde in beliebiger Reihenfolge vorauszusagen sind.

Finish-Wette: Hierbei wird gewettet, welche Pferde in den drei dafür im Programm gekennzeichneten letzten drei Rennen eines Renntages siegen.

Stallwette: Bei dieser für ausländische Rennen abzuschließenden Wette wird nicht auf ein Pferd, sondern auf einen bestimmten Stall gesetzt, der in einem Rennen zwei oder mehrere Pferde laufen läßt. Gewonnen haben Sie, wenn eines der Pferde des favorisierten Stalls als erstes durch das Ziel läuft.

Kombinationswette: Einsatzintensives, aber gewinnträchtiges Wettsystem zur Erhöhung der Chancen bei Zweier-, Dreier- und jetzt auch Fünferwetten. Eine Vollkombination von drei Pferden bei einer Dreierwette besteht beispielsweise aus sechs Einzelwetten: 1-2-3, 1-3-2, 2-1-3, 2-3-1, 3-1-2, 3-2-1. Und je mehr Starter Sie in Ihre Kombination mit einbeziehen, desto höher steigt die Zahl der Einzelwetten:

Pferde	*Zweierwette*	*Dreierwette*	*Zwilling*	*Drilling*
3	6	6	3	1
4	12	24	6	4
5	20	60	10	10
6	30	120	15	20

7	42	210	21	35
8	56	336	28	56
9	72	504	36	84
10	90	720	45	120
11	110	990	55	165
12	132	1320	66	220
13	156	1716	78	286
14	182	2184	91	364
15	210	2730	105	455

Den Kombinationsmöglichkeiten sind keine Grenzen gesetzt, denn neben den Vollkombinationen existieren noch Teilkombinationen, in denen verschiedene Wettarten miteinander verknüpft werden können. Aufpassen heißt es allerdings bei der Höhe der Einsätze: Laufen zum Beispiel bei einem Rennen 15 Pferde und Sie wollen alle Möglichkeiten für eine Dreierwette ausschöpfen, dann kostet das am Totalisator mindestens 6825 Mark (2730 Einsätze à 2,50 DM). Da müssen schon Außenseiter unter den ersten drei sein, damit dieser hohe Einsatz lohnt: Ihren Einsatz wieder heraus bekämen Sie in diesem Fall bei einer Dreierwettenquote von 27300:10 – bei einer Quote von 100000:10 betrüge der Reingewinn 18175 Mark.

Vollschiebewette: Verbindungswette, bei der die Wette über mehrere Pferde verschiedener Rennen und Rennplätze läuft. Beispielsweise wetten Sie auf ein Pferd im 2. Rennen, auf ein weiteres im 5. Rennen und auf ein drittes im 8. Rennen. Dabei wird der Einsatz nur auf das erste Rennen – in diesem Fall auf das 2. Rennen – festgelegt. Haben Sie gewonnen, geht die Auszahlung als Einsatz auf das nächste Rennen über und so weiter.

Teilschiebewette: Da das Risiko recht hoch ist, bei der Vollschiebewette bei einem der Rennen durch ein unplaziertes Pferd die aufgelaufenen Gewinne zu verlieren, können Sie bei dieser Wettart bereits vorher bestimmen, welcher Betrag auf das nächste

Pferd übergeht, und sich auf diese Weise wenigstens einen Teilgewinn sichern.

Wichtig für die Wette am Elektronentoto sind die folgenden Punkte:

- Wettkarten nur mit Kugelschreiber (blau oder schwarz) oder Bleistift ausfüllen.
- Pro Wettkarte kann nur eine Wettart getätigt werden.
- Wettkarten nicht falten oder knicken.
- Die Wettkarten können an jedem Schalter abgegeben werden, ebenso wie an jedem Schalter die Gewinne kassiert werden können.

Beachten Sie unbedingt auch die an den Schaltern aushängenden Geschäftsbedingungen, in denen beispielsweise steht, was passiert, wenn ein Rennen annulliert wird oder auch der von Ihnen gewettete Favorit nicht startet. Dasselbe gilt natürlich auch für Wetten beim Buchmacher – wie die Annahme von Wetten durch Registrierkassen geregelt ist, zeigt der folgende Ausschnitt aus den Wettbedingungen:

- Für die ordnungsgemäße Ausfüllung des Wettscheines ist der Wetter allein verantwortlich.
- Rennplatz, Pferdenummer, Wettart und Einsatz müssen zweifelsfrei in die dafür vorgesehenen Spalten eingesetzt sein, andernfalls ist die Wette ungültig. Der Einsatz wird zurückbezahlt. Ist auf dem Wettschein eine Pferdenummer vermerkt, die es laut Vorstarterliste bzw. Rennsportzeitung nicht gibt, ist die Wette ebenfalls ungültig, der Einsatz wird zurückbezahlt.
- Die Wette ist ebenfalls ungültig, wenn nachweislich der effektive Start (nicht Planstart) des Rennens vor der durch die Registrierkasse ausgedruckten Uhrzeit stattgefunden hat. Der Einsatz wird zurückbezahlt.
- Reklamationen nach erfolgtem Start können nicht berücksichtigt werden.

- Die Annahme des Wettscheines erfolgt ohne Überprüfungspflicht des Buchmachers oder seiner Angestellten.
- Durch Abgabe des Wettscheines anerkennt der Wetter die derzeit gültigen Geschäftsbedingungen des Buchmachers.

Weiter heißt es unter dem Stichwort »Auszahlungen«:

- Maßgebend für die Entstehung des Gewinnanspruchs und für dessen Berechnung ist das Totalisatorergebnis.
- Die Gewinne werden nur gegen Rückgabe des Wettscheines ausgezahlt. Werden Wettscheine nicht innerhalb von 30 Tagen vorgelegt, so erlischt der Anspruch des Wetters auf Auszahlung des Gewinns.
- Mindereinsätze sowie überzahlte Einsätze bei Kombinationswetten werden bei der Errechnung des Gewinns entsprechend prozentual berücksichtigt.
  Eine Nachzahlung von Mindereinsätzen bzw. eine Rückzahlung überzahlter Einsätze ist ausgeschlossen.
- Die Rückerstattung des Steueraufschlages für Wetten über Pferde, die nicht gelaufen sind, kann nur innerhalb von 14 Tagen erfolgen. Nach Ablauf dieser Frist hat der Wetter nur noch Anspruch auf Erstattung des reinen Einsatzes, und zwar bis zum Ablauf der Frist von 30 Tagen.
- Wer den Wettschein vorlegt, hat Anspruch auf Gewinnauszahlung.
- Die Auszahlung des Gewinns kann bis zum Erscheinen des offiziellen Rennberichtes zurückgestellt werden.
- Ein bereits ausgezahlter Gewinn schließt sowohl das Recht des Wetters wie auch des Buchmachers aus, bei nachträglicher Änderung infolge falscher Berichterstattung eine Nach- bzw. Rückzahlung zu verlangen.

Die Fachpresse

Lesen alleine reicht nicht, um die Informationen der Fachpresse verstehen zu können – zu viele Informationen stehen hier auf engstem Raum neben- oder untereinander. Die Abkürzungen und Fachkürzel machen es dem Anfänger nahezu unmöglich, die für eine erfolgreiche Wette notwendigen Details aus der Fachpresse herauszulesen, so daß es notwendig erscheint, die formelhaften Texte ein wenig zu entwirren:

Preis der Dallmayer-Boutique			**1600 m**
1 Amateurreiten für Rennreiterinnen Ehrp. u. 6100 DM (3500, 1400, 600, 400)			**Start: 14.00 Uhr**
Frl. J. Stadler	**1**	H. v. Fink (W. Figge) **Opera** b. St. 4j. v. Esclavo-Opulenz (Gest. Bona) (weiß, lila Schärpe, goldene Ärmel, lila K.)	**64**
Frl. E. Zemp	**2**	A. Schwager (Bes./Schweiz) **Saint Lo** R. W. 4j. v. Los Santos-Saison (gelb-bronze-rot gestr. rote K.)	**59,5**

Auf diese Weise folgen nun noch die übrigen Starter, die schließlich noch kurz kommentiert werden – das Rennprogramm ist fertig. Die große »1« ganz oben ist die Nummer des Rennens. Die Aufteilung des Preisgeldes auf die ersten vier Plätze ersehen Sie aus den Zahlen in der Klammer, außerdem wird ein Ehrenpreis vergeben. Stadler ist der Name der Reiterin, Fink heißt der Besitzer und Figge der Trainer. Das Pferd Opera hat die Programmnummer 1, ist eine braune Stute (H = Hengst, W = Wallach) und vier Jahre alt – Gewicht: 64 Kilogramm. Die Eltern von Opera sind Esclavo und Opulenz, sie kommt aus dem Gestüt Bona. Darunter die Stallfarben.

Neben diesem Programmteil finden Sie üblicherweise zu allen startenden Pferden detaillierte Informationen, die über die letzten Rennleistungen, die sogenannte Form, Aufschluß geben:

67	**Opera**		**4 S**
b. v. Esclavo/Opulenz			(Gestüt Bona)
in Frankreich gelaufen			
FlR 87: 10 gel., – S., 4 P.			
FlR 88: 4 gel., 1 S., 2 P.			
2-1-5-2-7-6-7-5-5-6			
Hatte diesmal keine Chance			
17. 6. München-Riem			6100 DM
2300 m	Boden gut		3,2
1 Wenzesslaw (Skl.) 7 58			D. Wildman 20
2 Opera 4 58			**D. J. Gibson 20**
3 Bold Joy 5 54,5			H. P. Ludewig 60
4 Spartacus 5 64			P. Kallei 56
ü.	7-3-6-8	2:28,7	5 liefen
Machte im Einlauf früh alles klar			
11. 6. München-Riem			6100 DM
2200 m	Boden weich		4,6
1 Opera 4 57			**D. J. Gibson 84**
2 Newcomer 8 58			J. Orihuel 48
3 Wenzesslaw 7 58			D. Wildman 15
4 Bold Joy 5 54,5			H. P. Ludewig 84
1.	1-H-2-5-4-5	2:21,2	11 liefen

Hier wird in knapper Form über die Ergebnisse der letzten zwei Rennen berichtet, in denen Opera startete. Ganz oben noch einmal die wichtigsten Angaben aus dem Programmteil, dazu der Hinweis auf die Teilnahme an Rennen in Frankreich. Darunter eine Übersicht der gelaufenen Flachrennen 87 und 88 mit Anzahl der Siege und Plätze (JR = Jagdrennen, HR = Hürdenrennen). In der nächsten Zeile fettgedruckt die Ergebnisse Operas in den letzten zehn Rennen, wobei das aktuellste Ergebnis ganz links steht. Ein H vor einer dieser Ziffern deutet auf ein Hindernisrennen, ein J auf ein Jagdrennen hin. Steht hinter einer dieser Ziffern ein S, so lief das Pferd mit Scheuklappen. Und nun die letzten beiden Rennen: kurzer Kommentar, Datum, Ort, Preisgeld, Distanz, Bodenzustand mit »Zentimeter Eindringtiefe«. Opera wurde hier nach Wenzesslaw (mit Scheuklappen) Zweite, die Siegquote hätte 20:10 betragen. In der letzten Zeile bedeutet das »ü.« überlegen (s = sicher, l = leicht, Ka = nach Kampf). Die Ziffern bedeuten die Abstände der einzelnen Pferde untereinander und stellen den sogenannten Zielrichterspruch dar (N = Nase, kK = kurzer Kopf, K = Kopf, H = Hals, L = Länge, wobei auch viertel, halbe und dreiviertel Länge angegeben werden, W = Weile, der Abstand betrug mehr als zehn Längen). Zum Schluß folgen noch die Zeit des Rennens und die Anzahl der gestarteten Pferde.

Leider nicht abgestimmt mit der Informationsgestaltung in der Galopperpresse verläuft die Formgebung der Trabrennprogramme, so daß auch hier ein Beispiel die wichtigsten Kürzel erklären soll:

Preis vom Alten Hof		**1800 m**
2 Trabfahren	(Autostart)	**Start: 15.00 Uhr**
4–8j. Inländer. Startsumme mindestens 25000 DM und nicht mehr als 55000 DM 6500 DM (3200-1250-950-600-500)		1. Abteilung

	6j. br. St., 25 400 DM, 19,1			
1 Xagenia	v. Spinoon-Erdblume			
A. Hirschhuber				
L. Hanke	87: 23-1-10, 10 200 DM, 19,1			
A. Hirschhuber	88: 8-0-4, 2150 DM, 19,3			
	15. 5. MD	disk. r.	2100s	440
	23. 5. PF	4. 22,8	2100As	76
	02. 6. MD	4. 19,3	2100As	252
	16. 6. MD	5. 21,5	2100As	56
	26. 6. A	agh.	2100Ag	–
	4j. br. W., 28 450 DM, 18,1			
2 Eckon	v. Meadow Nevele-Tunia			
Stall Nußdorf				
W. Berg/G. Mandl	87: 16-2-11, 8900 DM, 20,5			
W. Berg	88: 14-7-7, 19050 DM, 18,1			
	22. 5. MD	3. 21,0	2100As	32
	27. 5. ST	3. 22,2	2100As	24
	11. 6. MR	1. 29,3	1800As	32
	19. 6. MD	4. 21,2	2600As	36
	3. 7. MD	3. 20,0	2100As	76

Auf diese Weise folgen auch hier noch die übrigen Starter. Für das zweite Rennen dieses Renntages ganz oben die üblichen Angaben über Distanz und Preisgelder. Mit Programmnummer 1 startet Xagenia, ihr Besitzer heißt Hirschhuber, darunter der Trainer und ganz unten fett der Fahrer. Bei Trabrennen sind Trainer und Fahrer oft identisch. Xagenia ist eine sechsjährige, braune Stute, die von Spinoon und Erdblume abstammt und insgesamt 25400 Mark eingefahren hat. Die Zahl 19,1 ist der sogenannte Rekord, also die schnellste Geschwindigkeit, die Xagenia jemals erreicht hat. Bei dieser Zahl handelt es sich um den Überhang über 60 Sekunden, so daß die Rekordkilometerzeit in Wirklichkeit 79,1 Sekunden beträgt, was einer Geschwindigkeit von 45,5 km/h entspricht (zum Vergleich hat der Traber des Jahres Toppino einen Rekord von 13,8, erreichte also eine Spitzengeschwindigkeit von 56,4 km/h). Zur Beurteilung der langfristigen Form nun die wichtigsten Daten der Jahre 87 und 88: 1987 lief

Xagenia 23 Rennen, wobei sie 1 Sieg und 10 Plätze errang sowie 10200 Mark für ihren Besitzer verdiente. In diesem Jahr lief die Stute auch ihren Rekord. Darunter nun die aktuelle Form, dargestellt anhand der letzten fünf gelaufenen Rennen. Die Kürzel hinter dem Datum verraten den Rennplatz und sind leider in der Fachpresse nicht immer einheitlich. In der nächsten Spalte die Plazierung und die erreichte Kilometerzeit – »disk. r« bedeutet disqualifiziert rote Bekanntmachung (Galopp), »disk. bl.« heißt disqualifiziert blaue Bekanntmachung (unreine Gangart, Paßgang, Dreischlag), und »agh.« ist die Abkürzung von angehalten. In der vorletzten Spalte die Distanz, Startart und der Bahnzustand (A = Autostart, s = schnelle Bahn, g = gute Bahn) und zum Schluß noch die Siegeventualquote.

Wie Sie sehen, ist das Lesen der Fachpresse gar nicht so problemlos, insbesondere wenn sich zusätzlich noch Druckfehler daruntermischen und so für vollständige Verwirrung sorgen. Bei Ungewißheiten empfiehlt es sich, den zuständigen Fachredakteur anzurufen und um Aufklärung zu bitten, aber auch die Buchmacher sind die richtige Adresse, wenn es um Hilfestellung bei der Übersetzung der Fachsprache geht.

Versehen mit diesem Rüstzeug, sind Sie bei Ihrem nächsten Besuch auf der Rennbahn bereits ein echter Profi, und anhand der hohen Ausschüttungsquote bei den Wetten dürfte es nicht allzu schwierig sein, Gewinne einzufahren. Profis setzen bekanntlich lieber zehnmal auf einen Favoriten als einmal auf einen Außenseiter – probieren Sie selbst, ob diese Regel auch für Sie in Frage kommt. Natürlich sind die Gewinne auf Favoriten häufiger, jedoch auch niedrig. Volltreffer auf Außenseiter, insbesondere in Verbindung mit einer Dreierwette, sind selten, doch die Gewinne dafür enorm.

Operation Börse

Eine theoretische Erkenntnis ist spekulativ, wenn sie auf einen Gegenstand oder solche Begriffe von einem Gegenstand geht, zu welchem man in keiner Erfahrung gelangen kann.

IMMANUEL KANT

Diesen kritischen Einspruch erhob der Philosoph Immanuel Kant (1724–1804) gegen die gängige Definition, daß Spekulation der Versuch sei, rein gedanklich zu einer Erkenntnis jenseits der Erfahrung liegender Dinge zu gelangen und somit sowohl die Wahrnehmung als auch das »Diesseits« zu überspringen.

Wem jedoch der Sinn nach schnellem Geld steht, der sollte keine Zeit auf die bibliothekenfüllenden Grübeleien und Gedankengebäude nach dem »Was wäre, wenn ...« der Philosophen verschwenden, sondern die »diesseitige« Spekulation einfach als gewagtes Geschäft mit unsicherem Ausgang betrachten. »Was wäre, wenn ...« lautet natürlich auch bei Börsenprofis die Gretchenfrage, nur daß hier eines schönen Tages die zunächst theoretische Erkenntnis schwarz auf weiß in der Zeitung steht und durch Gewinne oder Verluste dargestellt wird.

Nachdem der Begriff Spekulation mittlerweile über die Maßen breitgetreten wurde und sich bereits der kleine Aktionär mit dem Depotbestand von zehn Papieren als waghalsiger Spekulant bezeichnet, scheint es angebracht, zunächst einmal eine grundsätzliche, scharfe Trennung zwischen den Bereichen Sparen, Anlegen und Spekulieren vorzunehmen. Am leichtesten läßt sich die Unterscheidung vornehmen, wenn man dabei von den persönlichen Voraussetzungen ausgeht:

Typ I: Keine Reserven vorhanden. Nettoeinkommen minus Lebensunterhalt kann zum Ansparen von Vermögen verwendet werden.
Typ II: Reserven zur Alterssicherung vorhanden. Dieses Vermögen sollte zur Erhaltung und Vermehrung sicher angelegt werden.
Typ III: Zusätzlich zur gesicherten Altersversorgung ist nicht benötigtes Kapital vorhanden. Mit diesem Überschuß darf spekuliert werden.

Der Mann mit den zehn Aktien im Schrank ist also weder ein Spekulant noch ein Sparer, sondern ganz klar ein Anleger. Diese Abgrenzung ist wichtig, da eine Vermischung der Begriffe zu verheerenden und meist ruinösen Folgen für den einzelnen führen kann. Sparer und Anleger dürfen nicht spekulieren, denn es besteht die große Chance, daß das in Kontrakte oder Optionen eingeschossene Geld möglicherweise innerhalb von wenigen Stunden verloren ist. In diesem Punkt unterscheidet sich die Spekulation an der Börse in keiner Weise von einem Besuch im Spielcasino oder beim Buchmacher, was auch die deutsche Rechtsprechung dazu bewogen hat, das sogenannte Differenzgeschäft nach § 764 BGB entsprechend einzuordnen:

Differenzgeschäft: Wird ein auf Lieferung von Waren oder Wertpapieren lautender Vertrag in der Absicht geschlossen, daß der Unterschied zwischen dem vereinbarten Preise und dem Börsen- oder Marktpreise der Lieferungszeit von dem verlierenden Teile an den gewinnenden gezahlt werden soll, so ist der Vertrag als Spiel anzusehen. Dies gilt auch dann, wenn nur die Absicht des einen Teiles auf die Zahlung des Unterschieds gerichtet ist, der andere Teil aber diese Absicht kennt oder kennen muß.

Eine vierte Gruppe wäre noch zu erwähnen, diejenigen, die meinen, das Glück mit der Peitsche bezwingen zu können: Wer sich für Spekulationsgeschäfte gleich welcher Art Geld leiht, hat die Bezeichnung Hasardeur verdient. Bedenklich scheint in diesem Zusammenhang, daß sogar seriöse Banken und Vermögensberatungsfirmen dieses riskante Spiel propagieren und beispielsweise zu Zinsdifferenzgeschäften locken, die ab circa 100000 Mark Eigenkapital gespielt werden können. Der vermeintliche Clou soll dabei sein, daß man zu dem mitgebrachten Betrag beispielsweise einen Kredit von 300000 Mark aufnimmt und sich dann für die insgesamt 400000 Mark hochrentable festverzinsliche Fremdwährungsanleihen kauft. Auf den ersten Blick sieht das auch nach einer feinen Sache aus, denn bei einer jährlichen Verzinsung von beispielsweise 18 Prozent und einem Kreditzins von 8 Prozent betragen die jährlichen Einnahmen aus der Zinsdifferenz genau 48000 Mark, also 48 Prozent bezogen auf das Eigenkapital. Doch zwei Haken werden hier meist übersehen: Zum einen kann der meist nicht langfristig festgeschriebene Kreditzins explodieren (1978 bis 1980 stiegen sechsmonatige Zinsfestschreibungen von 3 auf 14 Prozent), was übrigens als zwangsläufigen Nebeneffekt ein durch den Kursverfall der Papiere bedingtes Dahinschmelzen der Sicherheiten nach sich zieht. Zum anderen droht das ständige Währungsrisiko, wobei schon relativ kleine Devisenverluste zur zwangsweisen Auflösung der Spielrunde führen können.

Zum Börsenspekulanten wird man nicht geboren, sondern man muß sich diesen Titel hart erarbeiten. An der Börse spekulieren kann man auch nicht »einfach so einmal en passant«, denn die meist kurzfristigen Termingeschäfte verlangen eine ständige Kontrolle der Märkte, was wiederum eine gute Portion Sachkenntnis erfordert. Und noch eine weitere Voraussetzung muß für größere Gewinne durch den Terminhandel mit Optionen, Financial Futures oder Rohstoffen gegeben sein: Das überflüssige und bei schlechtem Ausgang des Spiels somit schmerzlos zu verlierende Kapital darf nicht zu knapp bemessen sein. Börsenoperationen müssen höher bevorschußt werden als ein Spielbank- oder Rennplatzbesuch – dafür winken hier auch Gewinne, die mehr als satt machen können. André Kostolany, Spekulantenguru und Lebenskünstler, beschreibt beispielsweise seine Einsätze so, daß er bei seinen Spekulationsgeschäften 49mal verliere und 51mal gewinne – und von den verbleibenden zwei Prozent ganz ordentlich leben könne.

Große Spekulationen

Der Spieltrieb wurde den berühmt-berüchtigten Brüdern Nelson Bunker, Herbert und Lamar Hunt buchstäblich in die Wiege gelegt: Dynastiegründer Haroldson Lafayette soll angeblich den Grundstock für das Vermögen, das die Hunts vorübergehend zu den reichsten Männern der Welt machte, beim Pokern gewonnen haben. Die Familie Hunt hatte Glück im Ölgeschäft und konnte ihre Placid Oil Company zu einem der mächtigsten Ölkonzerne der Welt ausbauen, der es auch verschmerzen konnte, daß Libyens Oberst Ghadhafi im Jahre 1973 den ausländischen Ölbesitz im Lande verstaatlichte. Nun wandten sich die Gebrüder Hunt aufregenderen Geschäften zu und begannen systematisch Silber aufzukaufen, was zwangsläufig zu einer Preisexplosion führen mußte – der Preis pro Feinunze von 2,50 Dollar stieg bis Anfang 1980 auf rund 50 Dollar. Doch die 200 Millionen Unzen, die die Hunts mittlerweile gehortet hatten, reichten noch nicht aus, denn immerhin hatten sie sich als Ziel einen Preisanstieg auf 300 Dollar pro Unze gesteckt. Und hier machte die New Yorker Warenterminbörse Commodity Exchange Inc. (Comex) zur Freude der in die Enge getriebenen Silberverarbeiter (Industrie, Juweliere) dieser wilden Spekulation ein Ende: Mit einem Kaufverbot für Silber und einer Erhöhung der Mindesteinschüsse pro Kontrakt zwang sie das Hunt-Syndikat, das plötzlich mit Nachschußforderungen von knapp einer Milliarde Dollar konfrontiert war, zur Aufgabe. Der Markt spielte verrückt, und hysterische Massenverkäufe ließen den Silberpreis bis Ende März 1980 auf circa 10 Dollar pro Unze abstürzen.

Fazit: 1,3 Milliarden Dollar Schulden bei 23 Gläubigerbanken (zu tilgen innerhalb der nächsten sieben Jahre), Herabstufung von Milliardären zu »ganz gewöhnlichen« Millionären. Da mußte auch der Rennstall von Nelson Bunker Hunt dran glauben, der mit über 1000 Vollblütern einer der größten der Welt war: Allein 580 Hunt-Pferde brachten bei einer zweitägigen Auktion in Lexington/Kentucky knapp 47 Millionen Dollar ein.

Ein anderes Beispiel vermag anschaulich aufzuzeigen, wie ein Spekulationszyklus verläuft, welchen vollkommen irrationalen Gesetzen die Spekulation folgt und wie Kurse manipuliert werden können: In den dreißiger Jahren des 17. Jahrhunderts brach in Holland die sogenannte Tulpenmanie aus, ein abstruses Kapitel Finanzgeschichte, das in verdeckter Form auch heute die Börsen der Welt bewegt. Die Tulpe war seit ihrem Import aus dem türkischen Adrianopel eine beliebte Zierpflanze und schmückte die Gärten der Bürgerhäuser. So weit, so gut – doch irgendwie begann man, animiert durch ein paar vornehme Adlige, sich gegenseitig mit aufwendigen Tulpenbeeten zu übertrumpfen, die Tulpe kam in Mode. Die Preise für ordinäre Tulpenzwiebeln begannen innerhalb kürzester Zeit derartig zu steigen, daß man sie mit der Goldwaage bewertete und an speziellen Tulpenbörsen versteigerte. Eine Dienstmädchenhausse begann, und alle Schichten wurden vom Tulpenfieber buchstäblich überrannt: 2500 Gulden war der Spitzenpreis, den geschickte Händler für eine einzige Zwiebel erwerben konnten – dafür konnte man zur damaligen Zeit vier Ochsen, vier Schweine, zwölf Schafe, zwei Wagen Weizen, vier Wagen Heu, vier Fässer Bier, zwei Fässer Butter, eine halbe Tonne Käse, ein Bett, einen Anzug sowie einen silbernen Becher erwerben.

Und plötzlich kam der Crash: Ein kleines Gerücht, nachdem ein Händler bei einer Auktion angeblich statt der erhofften 1250 nur 1000 Gulden erzielte, verbreitete sich wie ein Lauffeuer, hysterische Panikverkäufe zerstörten den Kurs. Schließlich war die Tulpenzwiebel innerhalb kürzester Zeit unverkäuflich, ganze Wagenladungen wurden für ein Butterbrot verschleudert – die Tulpe war wieder eine ganz normale Blume.

Was den besonderen Reiz an Börsenspekulationen ausmacht, ist unter anderem auch der Umstand, daß jedermann genau weiß, welches ein günstiger Zeitpunkt für Käufe oder für Verkäufe sein könnte. Tausende von Beispielen belegen immer wieder, daß zu Baissezeiten gehortet und zu Haussezeiten abgestoßen werden sollte, doch im Endeffekt halten sich nur wenige Spekulanten an diese eiserne Regel. Die meisten Spekulanten sind einfach zu gierig und wollen eine Hausse bis zur Spitze ausreizen – und verpassen so den rechtzeitigen Absprung. Es ist also zum großen Teil eine Frage des Gespürs und der Selbstdisziplin, bei Börsengeschäften gut abzuschneiden. Stehen beispielsweise in der Zeitung die ersten Nachrichten von Frosteinbrüchen in Brasilien, ist es zum Kauf von Kaffeekontrakten bereits zu spät, da der Kaffeepreis blitzartig in die Höhe schnellt. Zu diesem Zeitpunkt muß verkauft werden – an die Masse, die nun aufwacht und auf den fahrenden Zug springt, um sich ein Scheibchen von dem künstlich wachsenden Kuchen abzuschneiden.

Nur für Insider?

Nachdem die Entwicklungen der Kurse und Preise nahezu unberechenbar scheinen, stellt sich die berechtigte Frage, ob sich der spekulative Börsenhandel nur für Insider lohnt. Nun, Insidergeschäfte würden sich schon lohnen, nur sind sie als mißbräuchliche Ausnutzung intimer Kenntnisse in fast allen Ländern und an fast allen Börsen – auch an den Terminmärkten – verboten. In den USA beispielsweise werden derartige Verstöße nach gesetzlichen Vorschriften geahndet, wogegen in der Bundesrepublik nur freiwillige Regelungen bestehen, die jüngst von der Arbeitsgemeinschaft der deutschen Wertpapierbörsen herausgebracht worden sind. Danach trifft die Bezeichnung Insider auf Aufsichtsratsmitglieder, gesetzliche Vertreter, Großaktionäre, Angestellte in empfindlichen Bereichen und mit Insiderinformationen bedachte Kreditinstitute ebenso zu wie auf beauftragte Berater, so beispielsweise Wirtschaftsprüfer, Notare, Rechtsanwälte, Steuerberater oder Unternehmensberater. Insiderinformationen sind alle Kenntnisse kursrelevanter Umstände, die der Allgemeinheit noch nicht öffentlich zugänglich sind, wie beispielsweise Kapitalherabsetzung oder -beschaffung einschließlich Kapitalerhöhung aus Gesellschaftsmitteln, Abschluß eines Beherrschungs- oder Gewinnabführungsvertrages, Übernahme- oder Abfindungsangebot, Eingliederung, Verschmelzung, Vermögensübertragung, Umwandlung und Auflösung.

In der richtigen Position und mit einem offenen Ohr könnten

Sie mit solchen Informationen mehr Geld verdienen, als Sie jemals auszugeben vermögen. Natürlich könnten Sie als anerkannter Insider auch die Gerüchteküche schüren und beispielsweise durchsickern lassen, daß Ihre Gesellschaft in Kürze übernommen werde: Die Folge wäre ein explosionsartiger Kursanstieg der Papiere und ein satter Verdienst nach Verkauf.

Aber auch ohne Insiderkenntnisse können Sie auf dem sogenannten engen Markt die Kurse diktieren. Sie brauchen bloß die in geringer Stückzahl börsennotierten Papiere von Klein- oder Kleinstfirmen zu kaufen, da hier schon geringe Umsätze den Kurs merklich nach oben drücken – nur stellt sich dann die Frage, ob Sie dann noch Käufer für die künstlich hochgetriebenen Papiere finden.

Doch zurück zur Realität und hinein in die Praxis: Die meisten Spekulanten sitzen eben nun einmal nicht an Insiderquellen und verfügen auch nicht über die Mittel, um selbst bei kleinen Unternehmen Großaktionär zu werden. Hier heißt es arbeiten, denn als Spekulant verdient man keineswegs sein Geld im Schlaf – auch wenn in der Regel die Neider der erfolgreichen Börsenprofis dies immer wieder behaupten. Von Operationen an Terminbörsen kann man im Gegensatz zu Spielbank- und Rennplatzbesuchen leben, vorausgesetzt, man betreibt diese Spekulationsart professionell. Professionalität heißt nun nicht etwa, daß Sie Wirtschaftswissenschaften studiert haben müssen, sondern daß Sie sich in dem von Ihnen bevorzugten Markt auskennen, daß Sie die Spielregeln und die Technik beherrschen, daß Sie Ihre Geschäftspartner kennen (Sie brauchen einen Broker oder eine Bank, der oder die für Sie an der Börse kauft oder verkauft) und – daß Sie Praxis und Erfahrung haben. Am schnellsten – und das mag bitter klingen – lernen Sie durch Verluste, die sich bei dieser Art von Risikogeschäft zwangsläufig einstellen. Das Geheimnis liegt tatsächlich darin, einen langen Atem zu haben und nicht aufzugeben, aus Fehlern zu lernen, und natürlich über ausreichend Spielkapital zu verfügen. Falls Sie »bloß« über 10000 Mark verfügen sollten, sind Sie im Spielcasino besser aufgehoben als an der Terminbörse, an der man in der Regel erst ab 50000 Mark Spielgeld einzusteigen pflegt. Und Spielgeld bedeutet, daß Sie den Verlust Ihres Einsatzes verschmerzen können! Bei geschickter Plazierung jedoch ist diese Gefahr recht gering, und je mehr Sie die Sache selbst in die Hand nehmen und sich nicht auf Telefonverkäufer oder sonstige Tipgeber verlassen, desto größer wird der Saldo ausfallen, der Ihnen unter dem Strich übrigbleibt.

Das »Unterrichtsprogramm« ist in diesem Rahmen auf das Wesentliche zusammengerafft und die Thematik daher keineswegs erschöpfend behandelt. So ist dringend zu empfehlen, sämtliche offenen Fragen durch im Anhang angegebene weiterführende Literatur zu klären und erst an den Start zu gehen, wenn die Technik beherrscht wird. Nachdem Sie sich über die drei prinzipiellen Möglichkeiten Optionen, Financial Futures und Rohstoffe informiert haben, empfiehlt sich des weiteren eine vorläufige Spezialisierung auf einen Ihnen sympathischen Markt. Und machen Sie mehrere »Trockenübungen«: »Kaufen« Sie rein theoretisch auf Termin Optionen, Index-Futures oder Pork Bellies (gefrorene Schweinehälften), und versuchen Sie dann herauszufinden, weshalb sich die Entwicklung nach oben oder unten vollzogen hat.

Der 19. Oktober 1987

Ich glaube, wir dürfen einen »Schwarzen Freitag« nicht mehr ausschließen. Es ist deshalb Aufgabe jedes seriösen Bankiers – bei allem Optimismus, den er haben muß –, immer wieder mit gewissen negativen Szenerien, etwa einem Wall-Street-Debakel, im Sinne eines geistigen Sandkastenspiels zu arbeiten.

Dr. Hans Vontobel, Bank Vontobel, Zürich

Diese Warnung stammt aus der Zeit vor dem Kurs-Crash im Oktober 1987, und der vorausblickende Bankier irrte lediglich in einem Punkt: Der 19. Oktober 1987 war ein Montag. Und der Prophet war in Wirklichkeit gar keiner, denn die Entwicklung war zwangsläufig – nur der genaue Tag stand nicht fest. Wie es zu diesem Alarmsignal für ein Ungleichgewicht in der Weltwirtschaft kam, das sich im Sturz der Wall-Street-Kurse um 22,61 Prozent (am Schwarzen Freitag von 1929 betrug der Tagesverlust »lediglich« 12,82 Prozent) ausdrückte und deutsche Aktionäre um rund 70 Millionen Mark brachte, ist im Prinzip leicht erklärbar: Niedrige Zinsen sorgen für billige Kredite sowie Liquidität und verleiten zur Hasard-Spekulation. Zunehmende Käufe treiben die Kurse noch mehr in die Höhe, die aufspringende Masse läßt sie eskalieren. Dann kommt der Punkt, an dem die Wertpapiere nicht mehr über die notwendige Deckung verfügen, und die Konstruktion stürzt ein. Natürlich wissen die Spekulanten um dieses Spielchen, doch ist die Verlockung zu groß, bis zum Schluß an den immer noch steigenden Kursen zu profitieren. Aber vielleicht waren die Hasardeure schon blind von ihrem Höhenflug, denn bereits einige Zeit vor dem Crash am 19. Oktober 1987 fielen die Kurse, und zwar weltweit. An den internationalen Börsenplätzen hatten sich die Indizes bereits Wochen bis Monate vorher gegenüber den Jahreshöchstständen zum Teil erheblich verschlechtert (Frankfurt: Januar; Mailand: Mai; London: Juli; Wall Street, Toronto, Amsterdam: August; Sydney: September; Tokio, Zürich, Madrid: Oktober). Diese vergleichsweise kleinen Verluste, die eigentlich niemand so recht wahrhaben wollte, bewirkten automatisch sinkende Kreditlinien, die wiederum Zwangsverkäufe auslösten. Und nun wurde die Lawine durch die Computerverkaufsprogramme verstärkt, die alle zur selben Zeit zum Verkauf aufforderten, so daß sich an diesem 19. Oktober weit und breit keine Käufer fanden.

Der Crash war also die Folge einer computergestützten Massenhysterie – doch die wirkliche Ursache waren eindeutig jene Hasardeure, die auf Kredit spekulierten und dann in Bedrängnis gerieten. Das bestätigte auch der Untersuchungsbericht der sogenannten »Brady-Kommission«, die im Auftrag von Präsident Reagan die Umstände und Ursachen des Crash erforschte und dabei die Gefährlichkeit der seit den achtziger Jahren aufgetauchten Finanzinnovationen betonte. In Form von Terminkontrakten für tatsächlich vorhandene und fiktive Aktienindizes sowie von Optionen auf derartige Terminkontrakte wurde ein dichtes Netz von mit Hebelwirkung ausgestatteten Instrumenten gesponnen, das jedoch zugleich die Nervenzentren der Finanzmärkte auf eine Weise verbindet, daß sie einen geradezu katastrophalen Dominoeffekt auslösen können.

Die Geschäftspartner

Überweisen Sie nie Geld an eine gesichtslose Telefonstimme oder als Reaktion auf die Werbekampagne eines Ihnen unbekannten Unternehmens, genausogut könnten Sie Ihr Geld zum Fenster hinauswerfen!

Seien Sie nicht zu schüchtern, um Fragen zu stellen, vor allem nicht, wenn es um Ihr eigenes Geld geht: Welche Marktveränderung ist nötig, damit Sie die Gewinnzone erreichen? Welche Einschußzahlungen und Kommissionen sind zu leisten? Antworten auf derartige Fragen müssen vor Abschluß Ihrer Transaktion gegeben werden.

Lesen und verstehen Sie alle Dokumente, die Sie unterschreiben; versuchen Sie, alle von Ihrem Broker empfohlenen Strategien zu verstehen und nachzuvollziehen; falls sich der Broker nicht die Zeit nimmt, alle Fragen zu beantworten, oder Sie mit der vorgeschlagenen Strategie nicht einverstanden sind: vergessen Sie ihn – und die beabsichtigte Transaktion.

Seien Sie auf der Hut vor aggressiven Verkaufsstrategien wie »Dieses Geschäft dürfen Sie nicht verpassen« oder »Schicken Sie sofort Geld, der Markt bewegt sich heute extrem schnell«. Falls etwas zu schön klingt, um wahr zu sein – in aller Regel ist es zu schön, um wahr zu sein.

Denken Sie immer daran: in Options- und Futures-Märkten ist nur dann ein Dollar zu verdienen, wenn ein anderer Marktteilnehmer zugleich einen Dollar verliert. Bedenken Sie Erfahrung und Fachwissen all jener Minute um Minute aktiven Marktteilnehmer, und fragen Sie dann: »Werde gerade ich unter den Gewinnern sein?«

Nun haben Untersuchungen ergeben, daß Laien, mit Augenmaß und ohne Gier, die an dem einmal gefaßten Entschluß festhalten, oft mehr verdienen als Profis beziehungsweise Broker. Nachdem Sie sich jedoch nicht unbedingt auf Ihr Glück verlassen sollten, haben diese vor allem an private Spekulanten gerichteten Ratschläge der Chicago Board of Trade (CBOT) – einer der größten Options- und Futures-Börsen der Welt – höchste Gültigkeit.

Abgesehen davon, daß Sie heimische Optionen bei nahezu jeder Bank erwerben können, brauchen Sie für den Handel mit US-Optionen oder Warenterminkontrakten einen Broker, der an den entsprechenden Börsen zugelassen ist. Der Broker führt gegen eine bestimmte »Commission« Ihre Kauf- und Verkaufsaufträge an der Börse aus, und dank Telex, Standleitung zum Mutterhaus und Computer geht Ihre in einer hiesigen Broker-Niederlassung eingegangene Order in Sekundenschnelle um die halbe Welt. Nachdem Sie sich nach einem gründlichen Preis-Leistungs-Vergleich unter Berücksichtigung der von Ihnen angestrebten Handelsware für ein Broker-Haus entschieden haben, stehen prinzipiell vier Möglichkeiten für eine erfolgreiche Zusammenarbeit zur Verfügung, wobei in jedem Fall ein persönliches Konto eröffnet werden muß:

1. Der Broker dient lediglich als Informationsquelle und zur Ausführung Ihrer Orders.
2. Der Broker führt die Anweisungen eines von Ihnen bevollmächtigten Beraters aus.
3. Der Broker soll Sie nicht nur informieren, sondern auch beraten.
4. Der Broker trifft für Sie sämtliche Entscheidungen.

Es wird allein von Ihrem persönlichen Engagement abhängen, welche Variante Sie bevorzugen, und zudem können die Spielarten auch miteinander kombiniert werden. Bedenken Sie jedoch, falls Sie sich für die erste Alternative entscheiden sollten, daß Sie bei laufenden Kontrakten am Ball bleiben müssen, wobei Sie nicht nur die Kurse oder Preise, sondern auch die richtungweisenden Fundamentals ständig verfolgen müssen. Zum Punkt unseriöse Kapitalanlagefirmen hat der Gesetzgeber mittlerweile mit dem § 264a des Strafgesetzbuches einen gewissen Anlegerschutz hergestellt, indem die Werbebroschüren der Wahrheit entsprechend gestaltet werden müssen. Darüber hinaus wurde ebenfalls der § 89 Börsengesetz geändert, um in Spekulationsgeschäften unerfahrene Newcomer nicht nur vor Betrügern, sondern auch vor Verführern zu schützen:

---

(1) Wer gewerbsmäßig andere unter Ausnutzung ihrer Unerfahrenheit in Börsenspekulationsgeschäften zu solchen Geschäften oder zur unmittelbaren Beteiligung an solchen Geschäften verleitet, wird mit Freiheitsstrafe bis zu drei Jahren oder mit Geldstrafe bestraft.

(2) Börsenspekulationsgeschäfte im Sinne des Absatzes 1 sind insbesondere

1. An- und Verkaufsgeschäfte mit verschobener Lieferzeit, auch wenn sie außerhalb einer inländischen oder ausländischen Börse abgeschlossen werden,
2. Optionen auf solche Geschäfte, die darauf gerichtet sind, aus dem Unterschied zwischen dem für die Lieferzeit festgelegten Preis und dem zur Lieferzeit vorhandenen Börsen- oder Marktpreis einen Gewinn zu erzielen.

Natürlich bedeuten diese Schutznormen keinen Freibrief für entfesselte Spekulationsgeschäfte, denn spätestens wenn Sie nachweislich zum zweiten Mal ein solches Geschäft tätigen, sind Sie bereits nicht mehr unerfahren.

Gehandelt werden Ihre Optionen oder Kontrakte an den Terminbörsen, und auf diesem Gebiet eröffnet sich im Europa der nächsten Jahre ein völlig neues Bild. Nach den bereits bestehenden Terminbörsen in London (Liffe), Paris (Matif), Amsterdam (EOE) und Stockholm (SOFE) wurde Anfang 1988 die Swiss Options and Financial Futures Exchange AG (Soffex) eröffnet, die als erste vollelektronische Börse der Welt gilt. Ende 1989 soll die mittlerweile gegründete Deutsche Terminbörse (DTB) ihren ebenfalls vollelektronischen Betrieb aufnehmen, wobei die Entscheidung für den Ankauf der Soffex-Software bereits gefallen ist. Und für die Länder Italien, Spanien, Irland und Dänemark bestehen Pläne, so daß einer europäischen Vernetzung dieser Börsenplätze mit allerbester Aussicht auf ordentliche Hochs und Tiefs nichts mehr im Wege steht. Österreich mit nur einer Wertpapierbörse in Wien hält sich bedeckt – wer hier spekulieren will, muß sich nach einem grenznahen Broker in der Schweiz oder in Deutschland umsehen.

Die Fachsprache

Accumulate: Aufkaufen und Bunkern von größeren Mengen einer Ware nach Preisrückschlägen zur Provokation eines Preisaufschwungs.

Actuals: Die einem Terminkontrakt zugrunde liegende tatsächlich vorhandene Effektivware (Cash Commodity, Kassaware, Lokoware).

Afloats: Noch nicht am Lieferort angekommene, also noch auf dem Transportweg befindliche Ware.

Arbitrage: Kurzfristiges Ausnutzen von Kursdifferenzen zwischen verschiedenen Märkten oder Börsen. Durch die zunehmend kurze Übermittlungszeit von Nachrichten wird diese Art von Differenzgeschäft immer schwieriger.

At-the-money: Eine Option, deren Ausübungspreis gleich hoch wie der Kurs des Basiswertes ist.

Ausübung: Erklärung eines Optionsinhabers, daß er die Basiswerte zu den im Optionskontrakt bestimmten Bedingungen kaufen oder verkaufen will.

Barausgleich: Die Abrechnung eines Kontraktes durch Zahlung oder Empfang des Barbetrages anstelle der physischen Leistung des Basiswertes. Im Falle eines Optionskontraktes wird der Gewinn oder Verlust des Kontraktes durch die Differenz zwischen dem Ausübungspreis der Option und dem Kurswert des Basiswertes bestimmt.

Basis: Standardqualität eines Terminkontrakts, aber auch Differenz zwischen dem Preis und dem aktuellen Wert eines Kontraktes.

Bear: Baisse-Spekulant, der an fallende Kurse glaubt und demnach vorwiegend Verkäufe tätigt.

Bottom: Talsohle eines Kursverlaufs, im Chart-Diagramm durch Kelch-, Schüssel- oder Tellerform symbolisiert.

Bulge: Steiler Preisaufschwung innerhalb kurzer Zeit.

Bull: Hausse-Spekulant, der an steigende Kurse glaubt und demnach vorwiegend Käufe tätigt.

Bushel: Nicht metrisches Gewicht im internationalen Warenhandel (siehe Maße und Gewichte).

Call: Kaufoption, die den Käufer dazu berechtigt, vom Verkäufer gegen vorherige Zahlung einer Prämie innerhalb einer vereinbarten Laufzeit jederzeit Wertpapiere oder andere Wirtschaftsgüter zu einem vorher ausgemachten Basispreis zu erwerben.

Carry Over Stock: Übergangsbevorratung zwischen zwei Ernten.

Carrying Charge: Lagerkosten inklusive Waage-, Prüfkosten, Reparaturen und Löhnen sowie Versicherungsprämien, Kreditzinsen sowie durch Kapitalbindung entgangenen Gewinn.

Certificated Stocks: Per Zertifikat ausgezeichnete Effektivware, die in lizenzierten, von den Terminbörsen benannten Lagerhäusern gehalten wird.

Chart: »Fieberkurve« – die grafische Darstellung eines Kurses oder Preises über einen bestimmten Zeitraum. Chartisten oder Börsentechniker versuchen anhand einer Chart-Analyse Einblick in zukünftige Entwicklungen zu gewinnen.

Churning: Illegale, aber oft praktizierte Broker-Manie, durch häufige Transaktionen die Provisionseinnahmen in die Höhe zu treiben.

Close: Offizieller Schlußkurs eines Börsentags, aber auch exakt festgelegter Zeitraum am Ende einer Börsensitzung, in dem die Abwicklungspreise (Schlußkurse) festgelegt werden.

Commission: Gebühr, die der Broker für seine Tätigkeit, die zum Kauf oder Verkauf eines Kontrakts oder einer Option führt, verlangt.

Contango: Aufschlag auf den Kassapreis beim Preis eines Terminkontrakts zur späteren Lieferung.

Contract: Vertrag von Käufer und Verkäufer über eine gemeinsame Transaktion, aber auch exakt festgelegte Menge einer Ware in genau definierter Qualität.

Corner: Auch Aufschwänzen genanntes planmäßiges Aufkaufen bestimmter Wertpapiere oder Waren durch einen Großspekulanten oder auch einen Börsianerzusammenschluß mit dem Ziel der Akkumulation.

Berühmte Corners:
- 1869 in Gold durch Jay Gould und Jim Fisk (teilweise gelungen)
- 1888 in Kaffee durch die Firma Theodor Schmidt (fehlgeschlagen)
- 1925 in Weizen durch Arthur Cutton, Julius Barnes und die Gebrüder Armour (gelungen)
- 1980 in Silber durch die Gebrüder Hunt (fehlgeschlagen)

Cover: Decken einer Short Position in einem Termin durch den Kauf eines Kontrakts.

Crop Report: Ernteberichtt.

Cut-off-Datum: Der letzte Tag, an welchem ein Optionskontrakt ausgeübt werden kann.

Delivery: Andienung oder Anlieferung effektiver Ware zur Erfüllung einer eingegangenen Position.

Discount: Minderungsabschlag wegen schlechter Qualität einer Ware, aber auch Unterschied zwischen zwei Terminen.

Ease off: Langsames Zurückgehen des Preises.

Farm Price: Regelmäßig zur Monatsmitte vom US-Landwirtschaftsministerium bekanntgegebener Preis, den der Farmer für seine Produkte erhält.

Fill-or-kill: Eine Ausführungsrestriktion für einen limitierten oder kombinierten Auftrag, die verlangt, daß der Auftrag sofort im ganzen Umfang ausgeführt oder, wenn dies nicht möglich ist, annulliert wird.

Fixing: Preisfixierung zu einem bestimmten Zeitpunkt (das Londoner Gold-Fixing findet beispielsweise zweimal börsentäglich statt).

Fundamentals: Grundlegende Daten wirtschaftlicher und politischer Natur – für Spekulanten an Warenterminbörsen ein Pflichtprogramm.

Futures: Finanz- oder Rohstoffterminkontrakte an den Warenterminbörsen.

Glattstellung: Liquidation oder Eingehen von Gegengeschäften zum Ausgleich offener Positionen (Evening up, Closing Trade).

Häufig praktiziert vor Wochenenden oder in Erwartung offizieller Berichte zur Wirtschaftslage.

Good-till-cancelled: Eine Datumsinstruktion für einen limitierten Auftrag, welche dem limitierten Auftrag so lange Gültigkeit verleiht, bis er annulliert wird.

Good-till-date: Eine Datumsinstruktion für einen limitierten Auftrag, welche dem limitierten Auftrag so lange Gültigkeit verleiht, bis das bezeichnete Datum abläuft.

Heavy: Zähflüssiger Markt, der mehr von Verkäufen als von Käufen geprägt ist.

Hedge-Geschäft: Besonders bei Rohstoffen, die wie beispielsweise Metalle, Getreide oder Wolle starken Preisschwankungen ausgesetzt sind, angewandte Absicherungsstrategie zur Risikoausschaltung. Der Verarbeiter der Rohstoffe verkauft hierbei gleichzeitig mit dem Einkauf eine gleiche Menge des Rohstoffs als Termingeschäft zum beabsichtigten Veräußerungstermin der Fertigware. Fallen bis dahin die Preise, verliert der Verarbeiter zwar am Erlös der Fertigware, gewinnt jedoch an dem Termingeschäft. Nach diesem System kann auch ein vorhandener Aktienbestand durch den Erwerb von entsprechenden Verkaufsoptionen vor Kurseinbrüchen geschützt werden.

Immediate-or-cancel: Eine Ausführungsrestriktion für einen limitierten oder kombinierten Auftrag, die verlangt, daß der limitierte Auftrag sofort, und zwar im größtmöglichen Umfang, ausgeführt und der nicht ausgeführte Teil annulliert wird.

In-the-money: Eine Call-Option, bei welcher der Kurs des Basiswertes über dem Ausübungspreis liegt, oder eine Put-Option, bei welcher der Kurs des Basiswertes unter dem Ausübungspreis liegt.

Index: Statistische Verhältniszahl zur Widerspiegelung von Kurs- oder Preisentwicklungen. Bekannt sind hierzulande beispielsweise der FAZ-Index oder der Gesamtindex des Schweizerischen Bankvereins – das Gros der Indizes jedoch findet man in den Vereinigten Staaten, wobei die bekanntesten der Dow Jones, die Standard & Poors 500 und 100, der NYSE Composite, der Value Line, die Amex und der Nasdaq-100 sind. Dabei sind, wie beispielsweise der Dow Jones, nicht alle Indizes handelbar, für die meisten können jedoch Optionen, Futures-Kontrakte oder Optionen auf Futures-Kontrakte eingegangen werden.

Leverage: Hebelwirkung, die durch relativ niedrige Optionsprämien oder Einschüsse überproportionale Gewinne bzw. Verluste verursacht. Während bei Optionen der Verlust auf die Höhe der Prämie beschränkt ist, wird bei Warentermingeschäften die Hebelwirkung auch bei Verlusten voll wirksam.

Limit Order: Börsenauftrag, bei dem sowohl die Zeit als auch der Preis für die Ausführung von vorneherein festgelegt sein können.

Liquidation: Auflösung eines Termingeschäfts durch Bezahlung oder Lieferung der Ware, aber auch Glattstellung durch ein Gegengeschäft.

Long: Der Hausse-Spekulant als Käufer von Kontrakten ist in einer Long Position.

Lot: Standardeinheit – feste Menge einer Ware in einheitlicher Gradierung.

Margin: Einschuß bei Termingeschäften, der als Sicherheit und zur Abdeckung möglicher Preisschwankungen beim Broker hinterlegt werden muß. Nachgeschossen werden muß, wenn die Margin rein rechnerisch aufgezehrt ist. Der Einschuß ist weder Gebühr noch Anzahlung, sondern dient ausschließlich der Sicherheitshinterlegung. Kommt der Kunde einer Nachschußaufforderung nicht unverzüglich nach, wird die Position vom Broker exekutiert, das heißt glattgestellt.

Market Order: Ein Auftrag, der nur Ware und Zeit bestimmt, aber um jeden Preis ausgeführt werden soll.

Maße und Gewichte: An den internationalen Warenterminbörsen werden die standardisierten Kontrakte in folgenden Maßeinheiten gehandelt:

1 pound (lb)	= 453,292 g
1 bushel (bu)	= 36 Liter
1 bu Weizen oder Sojabohnen	= 60 lbs = 27,2 kg
1 bu Mais oder Roggen	= 56 lbs = 25,4 kg
1 bu Hafer	= 32 lbs = 14,5 kg
1 longton (LT)	= 1016 kg
1 metric ton (MT)	= 1000 kg = 2204,6 lbs
1 troy ounce (oz)	= 31,1035 g

Maturity: Zeitraum zwischen dem ersten Tag, an dem der Verkäufer die Lieferung von Effektivware andienen kann (First Notice Day), und dem letzten Termin für ein glattstellendes Gegengeschäft (Last Trading Day).

Nearby: Liefermonat eines Kontrakts, der dem Verfalldatum am nächsten ist.

Nettoposition: Anzahl der noch offenen Positionen, die nicht durch ein Gegengeschäft glattgestellt sind.

Notierung: Kursstand.

Off: »2 $ off Juni« beispielsweise heißt: der Preis liegt 2 Dollar unter dem vom Juni.

Offset: Glattstellung einer offenen Terminposition durch ein entsprechendes Gegengeschäft.

Omnibus Account: Ein Konto, das von mehreren Personen gleichzeitig gehalten wird. Der Vorteil dabei sind parallele Gegengeschäfte ohne automatische Glattstellung durch Aufhebung.

On: »2 $ on Juni« beispielsweise heißt: Der Preis liegt 2 Dollar über dem vom Juni.

Open Interest: Die kumulierte Anzahl Kontrakte, die gekauft und noch nicht durch Glattstellung ausgeglichen bzw. durch Lieferung erfüllt wurden.

Out-of-the-money: Eine Call-Option, bei welcher der Kurs des Basiswertes niedriger ist als der Ausübungspreis, oder eine Put-Option, bei welcher der Kurs des Basiswertes über dem Ausübungspreis liegt.

Overbought: Überkauft ist ein Markt, wenn trotz stark gestiegener Preise oder Kurse und einer drohenden Korrektur weiter gekauft wird.

Oversold: Überverkauft ist ein Markt, wenn trotz stark gefallener Preise oder Kurse und einer drohenden Korrektur weiter verkauft wird.

Overtrading: Wenn zu viele Positionen gehalten werden und der Ein- oder Nachschuß nicht für alle ausreicht, hat sich der Spekulant übernommen.

Paper Profit: Buchgewinn durch positive Preisentwicklung. Ein realer Gewinn erfolgt immer erst nach Glattstellung einer Position.

Pit: Börsenforum in Form eines achteckigen Tribünenrings, das den nach Waren und Monaten getrennten Händlern optimale Sichtverbindung gestattet.

Point: Kleinste Maßeinheit, um die sich eine Terminnotierung verändern kann (siehe auch Tick).

Prämie: Kosten einer Option, also der Optionspreis, aber auch der Betrag, um den ein Termin höher bewertet wird als ein anderer.

Put: Verkaufsoption, die den Käufer dazu berechtigt, vom Verkäufer gegen vorherige Zahlung einer Prämie innerhalb einer vereinbarten Laufzeit jederzeit die Abnahme von Wertpapieren oder anderen Wirtschaftsgütern zu einem vorher ausgemachten Basispreis zu fordern.

Pyramiding: Ruinöse Methode, Buchgewinne als Einschuß für weitere Engagements zu verwenden. Fällt nämlich jetzt der Kurs nur wenig, kommen drei Dinge auf einmal: Der Gewinn schmilzt, eine Nachschußforderung muß erfüllt werden, und der Kontrakt bringt Verluste. Als neuer Einschuß darf deshalb nur realisierter Gewinn dienen, der nach einer glattgestellten Position übrigbleibt.

Rally: Heftiger Preisaufschwung nach einem ebensolchen Preisrückgang.

Range: Handelsspanne oder Differenz zwischen dem höchsten und tiefsten Stand innerhalb eines bestimmten Zeitabschnitts.

Recovery: Preiserholung und Wiederfestigung des Marktes nach heftigem Rückgang.

Research: Marktuntersuchung auf der Basis aller zur Verfügung stehenden Daten und unter Anwendung aller verfügbaren Methoden.

Round turn: Abgeschlossene Transaktion, bestehend aus Kauf und Verkauf in beliebiger Reihenfolge.

Rules: Börsengesetze und »Spielregeln«.

Runner: Broker-Angestellter, der den Händlern Kundenaufträge in den Börsensaal bringt.

Scalper: Spekulant, der kleine Gewinne und Verluste durch großvolumige, aber äußerst kurze Transaktionen einfährt.

Short: Der Baisse-Spekulant als Verkäufer von Kontrakten ist in einer Short Position.

Spread: Spekuliert wird hier auf die Differenz zwischen Terminen oder Waren, also gleichzeitiger Kauf einer Ware in einem Monat und Verkauf in einem anderen Monat oder Kauf einer Ware in einem Monat und gleichzeitiger Verkauf einer anderen Ware im gleichen oder einem anderen Monat.

Squeeze: Knappwerden und Verteuerung der effektiven Ware, wenn sich Baisse-Spekulanten eindecken müssen.

Stop-Order: Auftrag zum Kauf oder Verkauf beim Erreichen eines bestimmten Preisniveaus (Buy-on-stop-order oder Sell-on-stop-order).

Stop-Loss-Order: Auftrag zur Verlustbegrenzung, der allerdings nicht hundertprozentig durchführbar ist, da eine Stop-Loss-Order bei Erreichen eines bestimmten Preisniveaus allenfalls zur Bestens-Order werden kann.

Straddle: Wie Spread, jedoch dazu Kauf einer Ware an einer Börse und gleichzeitiger Verkauf der Ware an einer anderen Börse. Hierzu benötigt man allerdings moderne Kommunikationsmittel zur Umsetzung der aktuellen Kurse.

Strangle: Kauf- oder Verkaufsauftrag für die gleiche Anzahl von Puts oder Calls des gleichen Basiswertes mit den gleichen Verfalldaten, jedoch verschiedenen Ausübungspreisen.

Strap: Verbindung von zwei Calls mit einem Put.

Strip: Verbindung von einem Call mit zwei Puts.

Switching: Gleichzeitiger Kauf und Verkauf einer Ware in verschiedenen Terminmonaten.

Tick: Siehe auch Point. Geringstmögliche Preisänderung bei einem Kontrakt.

Timing: Ohne exaktes Timing kein Gewinn – der richtige Kauf- oder Verkaufszeitpunkt ist bei Geschäften an Terminbörsen der wichtigste Punkt.

Venture Capital: Spielgeld, auf das im Falle eines Verlusts verzichtet werden kann, ohne daß der allgemeine Lebensstandard reduziert werden muß.

Verfallsdatum: Nach dem Verfallstag einer Option ist keine Erfüllung des Termingeschäfts mehr möglich.

Zeitwert: Der Zeitwert widerspiegelt das erwartete Kursschwankungspotential eines Basiswertes bis zum Verfalltermin einer entsprechenden Option. Je länger die Restlaufzeit ist, desto höher ist der Optionspreis infolge der noch vorhandenen Zeit, in der der Basiswert sich auf- bzw. abwärtsbewegen kann.

Optionshandel

Optionen auf Wertpapiere verbriefen das Recht, innerhalb einer bestimmten Frist eine genau festgelegte Menge von Papieren zum vorher ausgemachten Preis zu erwerben oder zu verkaufen. Hierbei liegt die Betonung auf Recht, womit sich die Option ganz wesentlich von einem Termingeschäft unterscheidet, bei dem ja definitiv eine Verpflichtung zur Lieferung beziehungsweise Entgegennahme am Verfalltag besteht. Der Optionshandel als flexible Form des Wertpapiertermingeschäfts besteht rein rechtlich aus zwei verschiedenen Verträgen, die zeitlich versetzt zur Erfüllung gelangen:

Zum einen muß eine Option begründet werden, das heißt, daß Sie mit der Option das Recht erwerben, später – falls Ihre Rechnung aufgeht – ein Wertpapier billiger als zum Kurswert kaufen oder teurer als zum Kurswert verkaufen zu können.

Wie Sie anhand der nachstehenden Beispiele ersehen können, bieten Optionsgeschäfte die Möglichkeit, in relativ kurzer Zeit sehr viel Geld zu verdienen, wobei das Risiko im Gegensatz zu Warentermingeschäften stets auf den Optionspreis begrenzt bleibt. Daß rund 80 Prozent aller Optionsspekulanten bei diesem Spiel verlieren, soll Sie warnen, jedoch nicht von dieser Spezies abhalten. Immerhin bieten Verkaufsoptionen neben dem reinen Spekulationszweck eine billige und wirksame Methode, Ihre Aktien mit einer Versicherung gegen überraschende Kurseinbrüche zu versehen. Aber aus welchem Grund auch immer Sie Optionen erwerben, es ist unbedingt notwendig, daß Sie sich mit den Gebräuchen dieses Handels auf das genaueste vertraut machen.

Optionsgeschäfte sind übrigens hauptsächlich in den USA üblich (New York, Chicago, Philadelphia), wurden in früheren Zeiten an verschiedenen Börsenplätzen wegen ihres Glücksspielcharakters verboten, und auch in Deutschland wurde der Optionshandel zwischen 1931 und 1970 eingestellt. Im Jahre 1986 wurde der Optionshandel auf den Rentenmarkt erweitert, und für Ende 1989 ist die Eröffnung der Deutschen Terminbörse (DTB) geplant, die nach dem Muster der seit 1988 in Betrieb genommenen Schweizer Soffex vollelektronisch laufen soll.

Auf welche Aktien gibt es Optionen?

In Deutschland haben Sie zur Zeit die Möglichkeit, auf circa 62 verschiedene Papiere Optionen zu erwerben, die von den Börsenvorständen zugelassen sein müssen, darüber hinaus stehen ungefähr 12 ausländische Optionen zur Verfügung. Diese Anzahl kann schwanken, da manche Unternehmen die Zulassungsvoraussetzungen verlieren und manche sie neu erwerben. Für deutsche Optionen besteht für den Kauf eine Mindeststückzahl von 50, für ausländische 100 und für japanische sogar 1000. Die Zulassungskriterien richten sich hauptsächlich nach der Größenordnung des Unternehmens und den Umsätzen, so daß Sie nur auf Optionen für Papiere mit einem breiten Markt stoßen werden.

In der Schweiz können bis auf wenige Ausnahmen alle Aktien bis auf neun Monate (Namenaktien der Schweizer Banken nur auf drei Monate) per Termin gehandelt werden – ein Geschäft, das vom Charakter her mit dem an anderer Stelle vorgestellten Warenterminhandel vergleichbar ist.

Das neue Geschäft mit Optionen wird sehr bedächtig angegangen, so daß zur Zeit lediglich die Optionen auf 8 Schweizer Inhaber- beziehungsweise Stammaktien sowie auf 3 Genuß- beziehungsweise Partizipationsscheine gehandelt werden, wobei jeweils 5 Optionen einem Kontrakt entsprechen. Natürlich gelten die Einschränkungen in beiden Ländern nicht auf den Handel mit US-Optionen: Über zugelassene Broker kann hier auf Optionen von weit über 100 Aktien gesetzt werden.

Die jeweils aktuellen Kurse erfahren Sie in der Wirtschaftspresse und in den großen Tageszeitungen, wobei die Modi bei der Kursangabe zum Teil zwar untereinander etwas abweichen, aber deshalb nicht unverständlich bleiben.

Kauf einer Kaufoption

Anhand eines Beispiels soll nun dargestellt werden, wie sich der Kauf einer Kaufoption vollzieht. Angenommen, der Kurs einer Aktie des Unternehmens X stünde am 24. 3. 1988 auf 515 Mark. Sie versprechen sich für die nächste Zukunft einen kräftigen Kursanstieg, wollen oder können aber das Geld für ein entsprechendes Aktienpaket der Firma X nicht aufbringen. Also werden Sie sich nach der betreffenden Option für das Papier umschauen und stoßen beim Studium der Zeitung auf folgende Kursnotierung:

K: **460**-65/0/0; **480**-55/0/0; **500**-24/53/65; **550**-4/25/40; **600**-2/11.5/25; **650**-1.5/5/13;
V: **420**-0/4.5/0; **440**-0/6/8; **460**-0/10/15; **480**-0/14/18; **500**-10/25/28; **550**-35/0/0;

Ein schöner Zahlensalat, könnten Sie jetzt sagen – aber es ist im Prinzip recht einfach, diese Kursnotierung zu entschlüsseln. Nachdem Sie ja eine Option kaufen wollen, kommt für Sie jetzt nur die Zahlenreihe hinter dem K in Betracht. Die Zahl vor dem Bindestrich – der sogenannte Basiskurs – stellt den Preis dar, zu dem Sie später die Aktie kaufen können. Falls Sie nicht hundertprozentig von einem drastischen Kursanstieg überzeugt sind, sollten sie immer einen Basiskurs wählen, der nicht zu hoch über dem aktuellen Kurs liegt.

Nehmen wir an, Sie rechnen damit, daß die Aktie in der nächsten Zeit von 515 Mark auf über 600 Mark hinaufklettert, und Sie würden sie dann gerne für 500 Mark kaufen können, um sie gleich wieder bestens zu verkaufen. Dieses Vorrecht kann Sie jetzt, und das sind die Zeichen hinter dem Bindestrich, entweder 24, 53 oder 65 Mark kosten, je nachdem, wann Sie Ihre Option ausüben wollen.

Für die Laufzeit von in Deutschland gehandelten Optionen gilt, daß sie immer am 15. der Monate Januar, April, Juli oder Oktober fällig sind, wobei jeweils die drei nächsten Fälligkeitstermine gehandelt werden:

Kaufen Sie im I. Quartal, gelten die Verfallstage 15. April, 15. Juli oder 15. Oktober.
Kaufen Sie im II. Quartal, gelten die Verfallstage 15. Juli, 15. Oktober oder 15. Januar.
Kaufen Sie im III. Quartal, gelten die Verfallstage 15. Oktober, 15. Januar oder 15. April.
Kaufen Sie im IV. Quartal, gelten die Verfallstage 15. Januar, 15. April oder 15. Juli.

Die kürzeste Laufzeit beträgt demnach also 15 Tage, die längste 9 Monate und 15 Tage. Fällt der Verfallstag nicht auf einen Börsentag, so kann die Option noch am nächsten Börsentag ausgeübt werden, jedoch muß der Auftrag zur Ausübung spätestens am Verfallstag bis 9 Uhr bei der Bank vorliegen, da die Option sonst verfällt.

Nachdem Sie im Beispiel die Option noch im März kaufen, haben die Zahlen hinter dem Basispreis von 500 Mark nun folgende Aussage: Zum Verfallstag 15. April kostet die Option 24 Mark, zum Verfallstag 15. Juli kostet sie 53 Mark, und zum Verfallstag 15. Oktober kostet sie 65 Mark. Die Preisunterschiede sind einfach zu erklären: Mit zunehmender Laufzeit wächst auch die Chance auf einen Kursanstieg der Aktie, und das schlägt sich im Preis für die Option nieder.

Ihre Hoffnung auf den Kursanstieg auf über 600 Mark wird sich natürlich nicht innerhalb kurzer Zeit realisieren lassen, weshalb sie den längsten Termin bis 15. Oktober wählen, dafür müssen Sie 65 Mark pro Option bezahlen. Mindestens 50 Optionen müssen Sie kaufen, wenn es sich um ein inländisches Papier handelt. Sie sind also mit einem Minimum von 3250 Mark dabei.

Nehmen wir an, Sie könnten 10000 Mark investieren, so böte sich die Zahl von 150 Optionen an. Anhand von drei Beispielen können Sie nun sehen, was aus Ihrem Einsatz werden kann (Gebühren und Spesen sind hierbei nicht berücksichtigt), wenn Sie bei allen drei Beispielen die Kaufoption ausüben:

1. Beispiel: Aktienkurs am 15. Oktober = 650 Mark

Aktienverkauf (150 × 650,–)	97500,–
minus Optionsausübung (150 × 500,–)	75000,–
minus Optionspreis (150 × 65,–)	9750,–
Gewinn	12750,–

Ihr Gewinn beträgt hierbei 130,8 Prozent. Hätten Sie für 9750 Mark Aktien zum Preis von 515 Mark gekauft, betrüge Ihr Gewinn jetzt nur rund 2556 Mark, also lediglich 26,2 Prozent. Die Kaufoptionen brachten fast fünfmal soviel Gewinn wie die Aktien.

2. Beispiel: Aktienkurs am 15. Oktober = 450 Mark

Aktienverkauf (150 × 450,–)	67500,–
minus Optionsausübung (150 × 500,–)	75000,–
minus Optionspreis (150 × 65,–)	9750,–
Verlust	17250,–

Sinnigerweise werden Sie bei dieser Fehlkalkulation die Option nicht ausüben und somit Ihren Verlust auf den Optionspreis von 9750 Mark, also auf 100 Prozent, beschränken. Hätten Sie für

9750 Mark Aktien zum Preis von 515 Mark gekauft, betrüge Ihr Verlust jetzt lediglich rund 1231 Mark, also nur 12,6 Prozent. Die Kaufoptionen brachten fast achtmal soviel Verlust als die Aktien.

3. Beispiel: Aktienkurs am 15. Oktober = 550 Mark

Aktienverkauf (150 × 550,–)	82 500,–
minus Optionsausübung (150 × 500,–)	75 000,–
minus Optionspreis (150 × 65,–)	9750,–
Verlust	2250,–

Hier lohnt es sich, die Option auszuüben, um den Verlust auf 23,1 Prozent zu beschränken. Hätten Sie für 9750 Mark Aktien zum Preis von 515 Mark gekauft, könnten Sie jetzt einen Gewinn von rund 663 Mark verzeichnen, also 6,8 Prozent.

Aber es gibt noch eine bessere Möglichkeit, wie Sie Ihren Verlust in diesem Beispiel sogar in einen Gewinn verwandeln können: Laufende Optionen können an der Börse verkauft werden. Steigen die Aktienkurse, so steigen in der Regel auch die Preise für die Optionen, so daß Sie, falls sich Ihre optimistischen Erwartungen nicht verwirklichen, versuchen können, die Option zu verkaufen. Damit Sie aber einen Abnehmer finden, der in Ihre Rechte eintritt, dürfen Sie natürlich nicht bis zum Verfalltag warten – kein Mensch würde sich dann für Ihre »Blindgänger« interessieren. Sie müssen bei laufendem Optionsgeschäft also ständig rechnen und versuchen, eine aussichtslose Option möglichst frühzeitig vor dem Verfallstermin wieder loszubekommen. Angenommen, es wäre Ihnen im dritten Beispiel am 1. September bei einem Aktienkurs von 540 Mark noch gelungen, Ihre Optionen, die mit dem Aktienkurs auf 70 Mark gestiegen sein könnten, zu veräußern, dann sähe die Rechnung folgendermaßen aus:

Optionsverkauf 1. 9. (150 × 70,–)	10 500,–
minus Optionskauf 25. 3. (150 × 65,–)	9750,–
Gewinn	750,–

Das ist nicht viel, aber immerhin haben Sie keinen Verlust dabei gemacht, sondern 7,7 Prozent gewonnen. Bei einem entsprechenden Aktiengeschäft für 9750 Mark hätten Sie nur circa 473 Mark verdient, also lediglich 4,9 Prozent.

Sie sehen, das Optionsgeschäft hat seine Tücken, da durch die Hebelwirkung Gewinne und Verluste im Vergleich zu den Aktienergebnissen sehr hoch ausfallen, wobei sich der maximale Verlust beim Optionsgeschäft immer auf Ihren Einsatz, also den Optionspreis, beschränkt. Als Faustregel gilt hierbei, daß der Optionspreis zu hundert Prozent dann verloren ist, wenn der Aktienkurs wie im zweiten Beispiel unter den Basiskurs rutscht. Anteilig verloren ist Ihr Einsatz, wenn sich der Aktienkurs wie im dritten Beispiel zwischen Basiskurs und der Summe aus Basiskurs und Optionspreis bewegt. In der Gewinnzone befinden Sie sich, wenn der Aktienkurs wie im ersten Beispiel die Summe aus Basiskurs und Optionspreis überschritten hat.

Kauf einer Verkaufsoption

Eine Verkaufsoption werden Sie nicht nur erwerben, wenn Sie der Ansicht sind, daß der Aktienkurs fällt, sondern – und das ist für Anleger von Bedeutung – um Ihre Aktien mit Hilfe der vergleichsweise billigen Optionen nach unten abzusichern. Der Mechanismus verläuft gerade umgekehrt wie bei Kaufoptionen und soll anhand von folgenden Beispielen verdeutlicht werden.

Die X-Aktie steht am 24. 3. auf 515 Mark, und Sie haben davon 100 Stück (das entspricht einem momentanen Wert von 51 500 Mark). Sie befürchten einen starken Kurseinbruch für die nächsten Tage, wollen sich aber von Ihren Aktien nicht trennen – immerhin könnten die Kurse ja auch steigen. Sie entschließen sich, Verkaufsoptionen für die X-Aktie zu kaufen und damit das Recht, eine der Optionszahl entsprechende Aktienmenge am Verfalltag zum Basiskurs verkaufen zu können. Dabei fällt Ihre Wahl auf 150 Optionen zum Basispreis von 550 Mark mit Fälligkeit

15. April für jeweils 35 Mark. Die Optionsausübung kann nun folgende Resultate bringen:

1. Beispiel: Aktienkurs am 15. April = 400 Mark

Optionsausübung (150 × 550,–)	82 500,–
minus Aktienkauf (150 × 400,–)	60 000,–
minus Optionspreis (150 × 35,–)	5250,–
minus Kursverlust (100 × 115,–)	11 500,–
Gewinn	5750,–

Trotz eines Kurseinbruchs von circa 22,3 Prozent haben Sie mit Hilfe dieser »Versicherung« ungefähr 109,5 Prozent Gewinn gemacht. Ohne Verkaufsoptionen hätten Sie 11 500 Mark verloren.

2. Beispiel: Aktienkurs am 15. April = 600 Mark

Optionsausübung (150 × 550,–)	82 500,–
plus Kursgewinn (100 × 85,–)	8500,–
minus Aktienkauf (150 × 600,–)	90 000,–
minus Optionspreis (150 × 35,–)	5 250,–
Verlust	4250,–

Diese Option werden Sie natürlich nicht ausüben, sondern verfallen lassen. Zwar haben Sie sich verkalkuliert, aber der Kursgewinn hat Ihre Auslagen für die Verkaufsoptionen mehr als wettgemacht, so daß Sie letztendlich auch für dieses Beispiel einen Gewinn verzeichnen könnten:

Kursgewinn (100 × 85,–)	8500,–
minus Optionspreis (150 × 35,–)	5250,–
Gewinn	3250,–

Diese Beispiele könnten Sie nun beliebig fortführen, wobei jedoch immer das Motto »Was wäre, wenn …« mitschwingt, was letztlich die Grundlage jeder Spekulation ist. Bedenken Sie, daß auch für Verkaufsoptionen gilt, daß Sie sie vorzeitig wieder abstoßen können, vorausgesetzt, es findet sich ein Käufer.

Zum Hedge-Geschäft sollten Sie noch wissen, daß es sich nur für Aktien eignet, die einen relativ engen Markt haben und demnach größeren Kursschwankungen ausgesetzt sind. Bezahlt gemacht haben sich Verkaufsoptionen beim Crash 1987. Helle Köpfe konnten zu dieser Zeit innerhalb von vier Wochen 10000 Prozent ihres Einsatzes gewinnen – das entspricht einer Jahresrendite von 120000 Prozent!

Optionskauf und Gebühren

Zwar können Sie rein theoretisch bei jeder Bank Optionsgeschäfte für in Deutschland zugelassene Optionen abschließen – wegen des sehr hohen Arbeitsaufwandes verlangen die Banken jedoch hohe Grundgebühren, dazu noch Limitgebühren, Aufschläge und obendrein oft noch eine Mindestanforderung für das Auftragsvolumen. Auch bei den Broker-Häusern, die für die meisten ausländischen Optionen eingeschaltet werden müssen, können die Gebühren extreme Ausmaße annehmen. Als Anhaltspunkt sollten 3 Prozent des Umsatzvolumens das Gebührenmaximum darstellen und sämtliche Provisionen sowie fremde Spesen beinhalten – eine Börsenumsatzsteuer fällt beim Kauf und Verkauf von Optionen nicht an. Als Beispiel für eine vernünftige Gebührengestaltung hier die Spesensätze der Bayerischen Raiffeisen-Zentralbank:

bis Optionspreis DM 20,–	= DM –,60 pro Aktie
bis Optionspreis DM 30,–	= DM –,80 pro Aktie
bis Optionspreis DM 50,–	= DM 1,–– pro Aktie
darüber	= DM 1,25 pro Aktie

Denken Sie auch daran, daß bei der Ausübung einer Option zusätzlich noch die üblichen Kauf- und Verkaufskosten für Aktien in Höhe von 1,35 Prozent hinzukommen. Oft kann es schon aus diesem Grund rentabler sein, eine laufende Option bereits vorher wieder abzustoßen und nicht erst bis zum Verfalltag zu warten.

Bei der Festlegung eines Limits – was bei Optionen grundsätzlich zu empfehlen ist – müssen Sie die Gebühren mit berücksichtigen; setzen Sie es also nicht zu knapp. Die Gültigkeit bestimmen Sie üblicherweise bis Ultimo, das heißt bis zum Monatsende. Ist bis dahin ein Kauf oder Verkauf nicht zustande gekommen, müssen Sie den Auftrag am nächsten Ersten erneuern. Übrigens, an die Fälligkeitstermine erinnert Sie keiner, und vergessen Sie einmal, Ihre Option zum Stichtag auszuüben, gilt sie als verfallen.

Zum Kurszettel der Soffex-Optionen fällt abweichend auf, daß jeweils vier Verfalltermine gelten, nämlich jeweils der dritte Freitag der drei nachfolgenden Monate plus der nächstfolgende Ultimo des Zyklus Januar/April/Juli/Oktober. Soffex-Optionen können also auf längstens sechs Monate gehandelt werden – Ende Januar würden also zum Beispiel Optionen per Verfalltermin Februar, März, April und Juli gehandelt werden. Ansonsten läuft das Spiel analog – sehen Sie hier einen Kursnotierungsausschnitt vom 8. Juli 1988:

Calls

Option	*Basispreis*	*Juli*	*Aug.*	*Sept.*	*Okt.*
Firma X	2600	S 805	S 812.5	–	S 832.5
(*3390)	2800	S 602.5	S 615	–	S 645
	3000	400	S 427.5	S 450	S 485.3
	3200	200	264	S 305	348
	3400	65	S 155	199	230
	3600	–	80	110	145

Bezahlte Kontr.: 77/Offene Kontr.: 2005

Puts

Option	*Basispreis*	*Juli*	*Aug.*	*Sept.*	*Okt.*
Firma X	2600	S 1.6	S 2.6	–	S 12.5
(*3390)	2800	S 2.1	6	–	S 228
	3000	S 2.6	S 14.5	S 34	50
	3200	S 11.5	52	S 92.5	S 127.5
	3400	72	155	S 185	235
	3600	–	S 262.5	S 310	S 337.5
Bezahlte Kontr.: 81/Offene Kontr.: 1037					

* = Preis der entsprechenden Aktie
S = Tagesendbewertungspreis (Settlement Price)
Letzte Handelstage: Juli: 15./Aug.: 19./Sept.: 16./Okt.: 20.

Die Kosten für Transaktionen an der Soffex setzen sich aus der von der Soffex erhobenen Börsengebühr und der Kommission des Brokers zusammen und sind aus dem Grund relativ niedrig, weil sie lediglich auf den Kontraktwert und nicht auf den Wert der zugrunde liegenden Aktien erhoben werden:

Soffex-Gebühren:

Optionspreis		*Gebühr pro Kontrakt*
	bis Fr. 49.90	Fr. 2.–
von Fr. 50.–	bis Fr. 99.90	Fr. 5.–
von Fr. 100.–	bis Fr. 499.90	Fr. 9.–
von Fr. 500.–	und darüber	Fr. 12.–

Soffex-Kommissionen:

	Kontraktwert Total Fr.	*Kommission in %*	*in Fr.*	*Kumuliert in Fr.*	*Kumulierter Kontraktwert*
bis	2000		80	80	2000
die nächsten	2000	1,00	20	100	4000
	3000	0,90	27	127	7000

	3000	0,80	24	152	10000
	10000	0,70	70	221	20000
	10000	0,60	60	281	30000
	20000	0,50	100	381	50000
	50000	0,40	200	581	100000
ab	100000	0,30		581 + 30% des Betrages über Fr. 100000.–	

Zum Hauptunterschied zwischen US-Optionen und europäischen Optionen sei noch bemerkt, daß amerikanische Optionen während der gesamten Laufzeit, europäische Optionen jedoch nur am Verfallstag ausgeübt werden können.

Warentermingeschäfte

Für Geldanleger und darauf spezialisierte Institute ein schattiger Bereich, für Spekulanten und Broker das Nonplusultra: Das sind Termingeschäfte auf circa 50 gehandelte Rohstoffe einschließlich deren Vorprodukte, Metalle und Finanzkontrakte. Die tatsächlichen Transaktionen laufen an verschiedenen internationalen Terminbörsen ab, wobei der Spekulant die gehandelten Waren im Prinzip niemals zu Gesicht bekommt – seine Geschäfte werden einzig und allein auf Papier abgewickelt.

Als Handelseinheit beziehungsweise kleinste handelbare Menge einer bestimmten Ware steht der sogenannte Kontrakt, so daß sich beispielsweise ein Sojabohnenkontrakt auf die Lieferung von 5000 Bushel oder ein Kontrakt über gefrorene Schweinebäuche auf die Lieferung von 38000 Pound bezieht. Je nach Rohstoff und Marktlage hat ein solcher Kontrakt einen Wert von 10000 bis 50000 Dollar. Wesensmerkmal des Warentermingeschäftes ist nun, daß Sie heute per Termin einen oder mehrere Kontrakte dieser Waren zu einem bestimmten Kurs kaufen oder verkaufen können, Abnahme oder Lieferung sowie Bezahlung erfolgen erst zum ausgemachten Termin. Nun wird jedoch in der Praxis kein Spekulant willens sein, beispielsweise 5000 Bushel (136 Tonnen) Sojabohnen abzunehmen, und so muß er spätestens zum Verfalltermin seinen Kontrakt wieder veräußern.

Um zu gewährleisten, daß die Kontrahenten ihren Verpflichtungen zum jeweiligen Termin auch nachkommen, muß jeder der Marktteilnehmer eine Sicherheitsleistung als Einschuß hinterlegen, die ungefähr 10 bis 20 Prozent des Kontraktwerts ausmacht. Welche Hebelwirkung nun dabei entsteht, sollen folgende Beispiele erläutern: Bei einem gekauften Kontrakt im Wert von 50000 Dollar beträgt Ihr Einschuß 5000 Dollar. Steigt der Preis der gekauften Ware nun um 10 Prozent, so beträgt der Kontraktwert jetzt 55000 Dollar, so daß die Werterhöhung bezogen auf Ihren Einschuß einen Gewinn von 100 Prozent darstellt. Umgekehrt haben Sie beim Sinken des Preises von 10 Prozent auf einen Kontraktwert von 45000 Dollar Ihr eingesetztes Kapital verloren. In diesem Fall wären Sie auf Gewinnkurs, wenn Sie einen Kontrakt verkauft hätten.

Um zu verhindern, daß bei ungünstiger Marktentwicklung der Einschuß durch solche Verluste aufgezehrt wird, muß jeder Kontrahent seine Sicherheitsleistung dann wieder auf den alten Stand bringen, wenn ein Viertel des Einschusses »gefressen« ist. Wird dieses sogenannte Nachschießen unterlassen, muß »eingedeckt« werden, das heißt, der Kontrakt muß zum ursprünglichen Termin wieder verkauft beziehungsweise gekauft werden.

Nun, dieses Spiel hat Tradition, denn bereits vor einem knappen Jahrhundert war es in Deutschland, aber auch in Frankreich an der Tagesordnung, daß die Bauern ihre Ernte bereits bei der Aussaat verkauften – die Berliner Getreidebörse war vor hundert Jahren größer als die Effektenbörse. Auch heute kommt dem Warentermingeschäft eine große volkswirtschaftliche Bedeutung zu, indem es Produzenten, Händlern und Verarbeitern von Rohstoffen gestattet, auf Termin zu kaufen oder zu verkaufen und sich so über einen längeren Zeitraum hinweg auf stabile Preise zu verlassen.

Hauptsächlich standen also Absicherungsgeschäfte für die heutige Eskalation auf dem Terminmarkt Pate, wo immer mehr Laien versuchen, auf Soja- oder Kakaoernten zu setzen, und dabei gründlich baden gehen. Wollen Sie deshalb eine Entscheidung über den Kauf oder Verkauf von Kontrakten alleinverantwortlich treffen, so erfordert dies eine ganze Menge Marktkenntnis – sowohl auf die Gegenwart als auch auf die Zukunft bezogen. Wohl können Sie wissen, daß die derzeitigen Rohstoffreserven eine echte Verknappung in den nächsten Jahren unwahrscheinlich machen. Auch ist es kein Geheimnis, daß wegen der krisenanfälligen Produktionsstätten die Preise für Öl und Edelmetalle am ehesten starken Preisschwankungen unterworfen sind. Außerdem können Sie überall nachlesen, daß im Bereich der Landwirtschaft ein durch Überproduktion bedingter Preisverfall allmählich ausgeglichen wird. Wie aber wollen Sie wissen, wie sich die Natur zu einem bestimmten Termin verhalten wird, ob sie ganze Ernten verbrennen oder erfrieren läßt? Sie müssen also stets genauestens informiert sein, und am besten schaffen Sie das, wenn Sie sich anfangs auf einen Markt spezialisieren, den Sie dann sowohl fundamental bezüglich der Struktur von Angebot und Nachfrage als auch technisch anhand von prognostischen Untersuchungen der internen Struktur analysieren müssen.

Gehandelte Waren

Natürlich kann die nachfolgende Auflistung gehandelter Waren nicht vollständig sein, doch sollen aus jeder Produktgruppe einige Posten verdeutlichen, welche Kontraktgrößen gelten (Sie können danach mit Hilfe der aktuellen Kursnotierungen selbst den jeweiligen Kontraktpreis errechnen) und welches Maximum in Cent oder Dollar für die Abweichung vom Preis des Vortags gilt (diese festgelegte Schwankungsbegrenzung für eine Preisänderung nach oben oder nach unten verhindert, daß Ihre Position durch überraschende Reaktionen anderer Marktteilnehmer größeren Schaden nimmt). Zudem erfolgen Hinweise auf Produktionsstätten und -zahlen und mögliche Auslöser für Preisschwankungen. Die Handelszeiten der angegebenen US-Börsen beziehen sich auf die jeweilige Ortszeit, die aufgeführten Termine entsprechen den Handelsmonaten (1 = Januar, 2 = Februar etc.).

Fleisch

Ware:	**Lebendrinder (Cattle/live)**
Börse:	Chicago (CME) /9:05 a.m. – 1:00 p.m.
Kontraktgröße:	40 000 lbs
Min. Schwankung:	0,025 cts = $ 10.00
Tageslimit:	1,5 cts = $ 600.00
Termine:	2-4-6-8-10-12
Produktion:	Hauptzuchtgebiete im Süden und Südwesten der USA
Reaktion:	Preisbestimmende Faktoren sind neben dem Kaufpreis und den Kapitalbeschaffungszinsen die Futterkosten. Rund 1,5 Tonnen Mais und Getreide und 200 Kilogramm Kraftfutter pro Jahr (40–50% der Gesamtkosten) werden an einen Stier verfüttert, so daß das Preisverhältnis Stier: Mais eine wesentliche Rolle spielt (teures Futter verringert die Produktion und hebt die Preise).

Ware:	**Lebendschweine (Hogs/live)**
Börse:	Chicago (CME) / 9:10 a.m. – 1:00 p.m.
Kontraktgröße:	30 000 lbs
Min. Schwankung:	0,025 cts = $ 7.50
Tageslimit:	1,5 cts = $ 450.00
Termine:	2-4-6-7-8-10-12
Produktion:	Größter einzelner Schweineproduzent ist Iowa.
Reaktion:	Der Schweinezyklus beträgt circa drei bis vier Jahre (hoher Preis steigert Produktion – Überangebot drückt Preis und Produktion, bis hoher Preis wieder erreicht ist usw.). Zudem muß auch hier das Verhältnis Schwein: Mais, aber auch Schwein: Sojabohnenmehl beachtet werden (teures Futter hebt die Preise).

Ware:	**Schweinebäuche (Pork Bellies/frozen)**
Börse:	Chicago (CME) / 9:10 a.m. – 1:00 p.m.
Kontraktgröße:	38 000 lbs
Min. Schwankung:	0,025 cts = $ 10.00
Tageslimit:	2 cts = $ 800.00
Termine:	2-3-5-7-8
Produktion:	Wie Schweine, wobei aus einem Schwein zwei »Bellies« zu je sechs bis acht Kilogramm geschnitten werden. Tiefgefroren können Pork Bellies länger als Lebendschweine gelagert werden.
Reaktion:	Endprodukt ist Speck, so daß neben den oben genannten Faktoren für Schweine noch die wirtschaftliche Situation der Verbraucher berücksichtigt werden muß.

Agrarprodukte

Ware:	**Baumwolle (Cotton #2)**
Börse:	New York (NYCE) / 10:30 a.m. – 3:00 p.m.
Kontraktgröße:	50 000 lbs
Min. Schwankung:	0,025 cts = $ 5.00
Tageslimit:	2 cts = $ 1000.00
Termine:	3-5-7-10-12
Produktion:	Hochwertige Baumwolle ist knapp, der Anbau im sogenannten Baumwollgürtel (Texas, Oklahoma) gedeiht am besten bei warmer Witterung und ausreichend Regenfällen.
Ernte:	Mitte Dezember
Reaktion:	Der Preis wird nicht nur vom Wetter bestimmt, sondern auch durch die Konjunkturlage in den modeverarbeitenden Industrieländern (mangelnde Nachfrage drückt den Preis) und den sogenannten Carry Over – eine Zahl, die den Rest der Vorjahresernte angibt.

Ware:	**Hafer (Oats)**
Börse:	Chicago (CBOT) / 9:30 a.m. – 1:15 p.m.
Kontraktgröße:	5000 bu
Min. Schwankung:	0,25 cts = $ 12.50
Tageslimit:	10 cts = $ 500.00
Termine:	3-5-7-9-12
Produktion:	Hauptsächlich in der UdSSR (ca. 15 Mio. MT) und in den Seenstaaten der USA (ca. 10 Mio. MT).
Reaktion:	Der Preis richtet sich weniger nach der Nachfrage wie beispielsweise Mais oder Weizen. Wichtig ist hierbei immer die Miteinbeziehung der Subventionsprogramme (je höher die Unterstützung, desto niedriger der Preis).

Ware:	**Kaffee (Coffee »C«)**
Börse:	New York (CSCE) / 9:45 a.m. – 2:28 p.m.
Kontraktgröße:	37 500 lbs
Min. Schwankung:	0,01 cts = $ 3.75
Tageslimit:	6 cts = $ 2250.00
Termine:	3-5-7-9-12
Produktion:	Brasilien und Kolumbien stehen als Hauptlieferanten dieses Genußmittels. Der afrikanische und asiatische Robusta-Kaffee wird im Gegensatz zum südamerikanischen Arabica-Kaffee in London gehandelt.
Reaktion:	Das Wetter (Frost), die Einkaufspolitik der Röster und deren Vorratslager bestimmen den Preis, der immer für kurzfristige Schwankungen gut ist (1985 verdoppelte sich der Kaffeepreis innerhalb weniger Monate, was bei einem entsprechenden zehnprozentigen Einschuß 1000 Prozent Gewinn brachte).

Ware:	**Kakao (Cocoa)**
Börse:	New York (CSCE) / 9:30 a.m. – 2:15 p.m.
Kontraktgröße:	10 MT
Min. Schwankung:	$ 1.00 = $ 10.00

Tageslimit:	$ 88 = $ 880.00
Termine:	3-5-7-9-12
Produktion:	Westafrika (Elfenbeinküste, Ghana, Kamerun und Nigeria) sowie Brasilien teilen sich circa drei Viertel der Welternte. Durch Neupflanzungen insbesondere in Westafrika und Südostasien überdurchschnittlich steigende Produktion.
Ernte:	Haupternte in Afrika von Oktober bis März (rund 80%), zweite Ernte von Mai bis Juni. In Brasilien genau umgekehrt.
Reaktion:	Als wichtiges Ausfuhrerzeugnis der Entwicklungsländer stark von der gesamtwirtschaftlichen Lage der jeweiligen Länder abhängig (Produktionsschwächen führen oft zu starkem Überhang der Nachfrage). Zur Zeit expansiver Zyklus, der die momentanen Überschüsse bei regulärer Produktion weiter wachsen läßt.

Ware:	**Mais (Corn)**
Börse:	Chicago (CBOT) / 9:30 a.m. – 1:15 p.m.
Kontraktgröße:	5000 bu
Min. Schwankung:	0,25 cts = $ 12.50
Tageslimit:	10 cts = $ 500.00
Termine:	3-5-7-9-12
Produktion:	Die Hälfte der Weltproduktion wird von den USA bestritten: Der Corn-Belt umfaßt die Staaten South-Dakota, Ohio, Missouri, Indiana, Minnesota, Illinois und Iowa.
Reaktion:	Stark wetterabhängig; frühzeitiger Schneefall, starker Regen während der Erntezeit oder Dürre nach der Aussaat (April bis Juni) führen zu erheblichen Ausfällen. Beispiel: Dürre von 1988 mit einem geschätzten Verlust von 15 Milliarden Dollar, der durch Preisanhebung und Lagerleerungen nivelliert wurde.

Ware:	**Orangensaft (Orange Juice/frozen)**
Börse:	New York (NYCE) / 10:15 a.m. – 2:45 p.m.
Kontraktgröße:	15 000 lbs
Min. Schwankung:	5 pts. = 0,05 cts = $ 7.50
Tageslimit:	5 cts = $ 750.00
Termine:	1-3-5-7-9-11
Produktion:	Brasilien und Florida
Reaktion:	Träger Markt mit plötzlichen Überraschungen beispielsweise durch Frost in Florida (Preise explodieren) und anschließendem Produktionsersatz durch Auffangimporte aus Brasilien (Preise kollabieren).

Ware:	**Sojabohnen (Soybeans)**
Börse:	Chicago (CBOT) / 9:30 a.m. – 1:15 p.m.
Kontraktgröße:	5000 bu
Min. Schwankung:	0,25 cts = $ 12.50
Tageslimit:	30 cts = $ 1500.00
Termine:	1-3-5-7-8-9-11
Produktion:	USA (östlicher Corn-Belt) und Brasilien.
Ernte:	September bis November (USA), Ende März bis Ende April (Brasilien)
Reaktion:	Trotz ihrer robusten Natur abhängig von ausreichend Wasser, so daß Dürreperioden ebenso zu Ausfällen führen wie zuviel Regen oder früher Schneefall zur Ernte (ein spezielles Trocknungsverfahren verzögert dann die Weiterverarbeitung). Wichtig ist auch die »Crushing-Margin« (Mahlüberschuß) als Differenz aus Bohnenwert und dem Wert von Öl plus Mehl (aus einem 60 lbs schweren Bushel Bohnen werden etwa 48 lbs Mehl und 11 lbs Öl erzeugt), die den Profit des Verarbeiters darstellt (hohe Margin führt zu gesteigerter Verarbeitung und Preissenkung). Und schließlich sind noch die Kosten des Transports nach Europa und Japan sowie die politische Situation auf den Transportwegen (Golfkrise) zu berücksichtigen.

Ware:	**Weizen (Wheat)**
Börse:	Chicago (CBOT) / 9:30 a.m. – 1:15 p.m.
Kontraktgröße:	5000 bu
Min. Schwankung:	0,25 cts = $ 12.50
Tageslimit:	20 cts = $ 1000.00
Termine:	3-5-7-9-12
Produktion:	UdSSR (25%) und USA (15%), ansonsten weltweit
Ernte:	Mai bis Mitte Juni
Reaktion:	Sinkende Weltbestände könnten langfristig zu Preissteigerungen führen – abgesehen davon, daß saisonale Wettereinflüsse zu berücksichtigen sind. Vorsicht: Man unterscheidet zwischen Winter- und Sommerweizen, hartem und weichem Weizen.

Ware:	**Zucker (Sugar World** # 11)
Börse:	New York (CSCE) / 10:00 a.m. – 1:43 p.m.
Kontraktgröße:	112000 lbs
Min. Schwankung:	0,01 cts = $ 11.20
Tageslimit:	0,5 cts = $ 560
Termine:	1-3-5-7-9-10
Produktion:	Kuba, Indien, Brasilien (Rohrzucker, 60% der Weltproduktion) sowie Europa und China (Zuckerrüben)
Ernte:	Winter oder Anfang Frühjahr (Rohrzucker), früher Winter (Zuckerrübe)
Reaktion:	Träger Markt, der durch ein gewaltiges Überangebot bestimmt wird. Jeder wartet auf den längst fälligen Preisanstieg, der entweder durch Produktionsausfälle oder auch durch eine Liquidationswelle enttäuschter »Dienstmädchen« ausgelöst werden kann.

Metalle

Ware:	**Gold (Gold)**
Börse:	New York (COMEX) / 8:20 a.m. – 2:30 p.m.

Kontraktgröße:	100 oz
Min. Schwankung:	10 cts = $ 10.00
Tageslimit:	–
Termine:	2-4-6-8-10-12
Produktion:	Südafrika, USA, Kanada und UdSSR teilen sich rund vier Fünftel der Weltproduktion.
Reaktion:	Weniger die Verbrauchernachfrage (Schmuck, Industrie, Zahnersatz) als das Spekulations- und Investitionsverhalten der Bevölkerung bestimmt den Preis (Existenz- und Krisenangst wird in massiven Goldkäufen deutlich). Hinzu gesellt sich die Politik der Produzenten, bei niedrigem Preis zu horten und bei hohem Preis abzustoßen.

Ware:	**Platin (Platinum)**
Börse:	New York (NYMEX) / 8:20 a.m. – 2:30 p.m.
Kontraktgröße:	50 oz
Min. Schwankung:	10 cts = $ 5.00
Tageslimit:	$ 25 = $ 1250.00
Termine:	1-4-7-10
Produktion:	Südafrika (80%)
Reaktion:	Politische Unwägsamkeiten in den Produktionsländern (beispielsweise lassen Streikgerüchte bei Rustenburg oder Impala die Preise explodieren) und das Spekulations- bzw. Anlegerverhalten bestimmen den Preis.

Ware:	**Silber (Silver)**
Börse:	New York (COMEX) / 8:25 a.m. – 2:25 p.m.
Kontraktgröße:	5000 oz
Min. Schwankung:	0,1 cts = $ 5.00
Tageslimit:	–
Termine:	1-3-5-7-9-12
Produktion:	Kanada, USA, Mexiko, Peru
Reaktion:	Die Nachfrage wird von der Konjunktur bestimmt (Schmuck, Photo, Elektro). Aufpassen bei drohenden Produktionseinschränkungen

	in Mexiko und Peru, die zusammen mit ständig wachsenden Einsatzbereichen zu einer echten Verknappung führen könnten.

Energie

Ware:	**Benzin (Gasoline/unleaded regular)**
Börse:	New York (NYMEX) / 9:50 a.m. – 3:05 p.m.
Kontraktgröße:	42 000 gals (1 US-Gallone = 3,785 Liter)
Min. Schwankung:	1 pt. = 0,01 cts = $ 4.20
Tageslimit:	2 cts = $ 840.00
Termine:	1-2-3-4-5-6-7-8-9-10-11-12
Produktion:	Veredeltes Erdöl (siehe dort)
Reaktion:	Sehr enger Markt, der sich zwar am Erdölpreis orientiert, aber auch saisonalen Schwankungen unterworfen ist (die Benzinsaison ist im Sommer).

Ware:	**Heizöl (NY Heating Oil** # 2)
Börse:	New York (NYMEX) / 9:50 a.m. – 3:05 p.m.
Kontraktgröße:	42 000 gals
Min. Schwankung:	1 pt. = 0,01 cts = $ 4.20
Tageslimit:	2 cts = $ 840.00
Termine:	1-2-3-4-5-6-7-8-9-10-11-12
Produktion:	Destilliertes Erdöl (siehe dort)
Reaktion:	Die Nachfrage an den Anwendungsmärkten (Diesel, Industrie, Eisenbahn, elektrische Energie) bestimmt ebenso wie das Wetter den Preis. Abgesehen davon starke Anlehnung an die Preispolitik der Erdölanbieter.

Ware:	**Erdöl (Crude Oil/light »sweet«)**
Börse:	New York (NYMEX) / 9:45 a.m. – 3:10 p.m.
Kontraktgröße:	1000 bls (1 Barrel = 158,983 Liter)
Min. Schwankung:	1 c = $ 10.00
Tageslimit:	$ 1 = $ 1000.00
Termine:	1-2-3-4-5-6-7-8-9-10-11-12

Produktion:	Mittlerer Osten, UdSSR, Afrika, USA, China, Südostasien, Venezuela, Westeuropa
Reaktion:	Durch die Verteuerung des Erdöls 1970 bis 1981 von $ 1.80 auf $ 35.00 pro Barrel wurde die Erschließung von Ressourcen rentabel – gleich darauf fielen die Preise jedoch durch Alleingänge einzelner OPEC-Staaten (Organization of Petrol Exporting Countries) wieder und brachten viele Projekte ins Stokken. Die Strategie zur OPEC-unabhängigen Eigenversorgung mit sinkender Nachfrage und Streit innerhalb der OPEC führte jüngst zu einer Baisse, die das internationale Bankensystem ins Wanken bringen könnte, da viele ölproduzierende Länder hoch verschuldet sind. Anziehende Inflationsraten werden die Baisse auflösen, deshalb langfristig zu positionierender Markt.

Währungskontrakte (ohne Tageslimit)

Ware:	**Deutsche Mark**
Börse:	Chicago (IMM) / 7:20 a.m. – 1:20 p.m.
Kontraktgröße:	125 000 DM
Min. Schwankung:	1 pt. = 0,01 cts = $ 12.50
Termine:	3-6-9-12

Ware:	**Eurodollar**
Börse:	Chicago (IMM) / 7:20 a.m. – 2:00 p.m.
Kontraktgröße:	$ 1 000 000
Min. Schwankung:	0.01 basis pts. = $ 25.00
Termine:	3-6-9-12

Ware:	**Französischer Franc**
Börse:	Chicago (IMM) / 7:20 a.m. – 1:28 p.m.
Kontraktgröße:	250 000 FF

Min. Schwankung:	5 pts. = 0,05 cts = $ 12.50
Termine:	1-3-4-6-7-9-10-12

Ware:	**Japanischer Yen**
Börse:	Chicago (IMM) / 7:20 a.m. – 1:22 p.m.
Kontraktgröße:	12500000 Yen
Min. Schwankung:	1 pt. = 0,01 cts = $ 12.50
Termine:	3-6-9-12

Ware:	**Schweizer Franken**
Börse:	Chicago (IMM) / 7:20 a.m. – 1:16 p.m.
Kontraktgröße:	125000 sFr.
Min. Schwankung:	1 pt. = 0,01 cts = $ 12.50
Termine:	3-6-9-12

Indizes (ohne Tageslimit)

Ware:	**NYSE Composite**
Börse:	New York (NYFE) / 9:30 a.m. – 4:15 p.m.
Kontraktgröße:	500 × Future-Preis
Min. Schwankung:	0,05 pts. = $ 25.00
Termine:	3-6-9-12
Zusammensetzung:	Enthält und mißt den Wert aller Stammaktien (über 1500), die an der New Yorker Aktienbörse (NYSE) gehandelt werden. Die Gewichtung berücksichtigt die Marktbewertung von sämtlichen notierten Unternehmen.

Ware:	**Standard & Poors 500**
Börse:	Chicago (IOM) / 8:30 a.m. – 3:15 p.m.
Kontraktgröße:	500 × Future-Preis
Min. Schwankung:	0,05 pts. = $ 25.00
Termine:	3-6-9-12
Zusammensetzung:	Enthält und mißt den Wert von 500 repräsentativen Aktien, die an verschiedenen Börsen gehandelt werden. Die Gewichtung berück-

	sichtigt die Marktbewegung von sämtlichen notierten Unternehmen.

Ware:	**Value Line**
Börse:	Kansas (KCBT) / 8:30 a.m. – 3:15 p.m.
Kontraktgröße:	500 × Future-Preis
Min. Schwankung:	0,05 pts. = $ 25.00
Termine:	3-6-9-12
Zusammensetzung:	Enthält den Durchschnittskurs von 1700 Aktien, die an verschiedenen Börsen gehandelt werden. Die Gewichtung ist für alle notierten Werte gleich.

Die Order

Nachdem Sie sich für einen Markt entschieden haben, verläuft das Handling relativ unproblematisch. Sie rufen den Broker Ihres Vertrauens an (von Vorteil wäre Telex oder Telefax, um so schnell wie möglich zu einer rechtsgültigen Bestätigung Ihrer Order zu kommen) und geben Ihre Bestellung durch. Der Broker gibt den Auftrag sofort an seine Muttergesellschaft weiter, die wiederum unverzüglich ihren Floor-Broker (Angestellter des Broker-Hauses direkt am Börsenplatz) mit der Abwicklung beauftragt. Dieser sucht nun, wenn Sie beispielsweise einen Kontrakt kaufen wollen, einen Verkäufer zu Ihren Bedingungen – und das Geschäft ist gelaufen. Zu Ihrer Sicherheit sollten Sie wissen, daß der Vertrag durch das sogenannte Clearing House der betreffenden Börse bestätigt werden muß, die sowohl die Abwicklung als auch die finanzielle Zuverlässigkeit der Broker überwacht. Jetzt erst wird die Vertragsbestätigung an Ihren Broker übermittelt, der Sie sofort darüber ins Bild setzt. Der gesamte Vorgang von Ihrer Order bis zu der Bestätigung an Sie dauert in der Regel nur wenige Minuten.

Ihr Auftrag an den Broker ist recht knapp, beinhaltet aber

sämtliche benötigten Angaben wie Anzahl der Kontrakte, Ware, Börsenplatz (falls Auswahl vorhanden) und gegebenenfalls ein Limit:

buy 1 cafe sep mkt
At the market (mkt) sollten Sie diesen Kaffeekontrakt mit Termin September/Handelsplatz New York möglichst nicht ordern, da das Risiko, zu einem ungünstigen Kurs einzukaufen, relativ hoch ist.

buy 1 cafe sep 120.00 o.b.
Diese limitierte Order klingt schon vernünftiger – Sie drücken damit aus, daß Sie Kaffee nur zu 120 c/lb oder besser (o.b.) einkaufen wollen. Natürlich kann dieser Auftrag nur dann ausgeführt werden, wenn der notierte Preis nicht über diesem Limit liegt.

buy 1 cafe sep 120.00 o.b. gtc
sell 1 cafe sep 115.00 stop gtc
Mit good till cancelled (gtc) wird eine Open order abgegeben, die bis auf Widerruf bestehen bleiben soll. Zur Absicherung nach unten steht hier gleich die Stop-loss-order für den Fall, daß der Kaffeepreis 115 c/lb erreichen sollte. Das Risiko von 5 c/lb entspricht übrigens $ 1875, der 120-c/lb-Kontraktwert $ 45000.

Nun haben Sie beispielsweise bei 120 c/lb gekauft, und vier Tage später steht der Preis bei 140 c/lb. Jetzt könnte, wenn Sie sich noch nicht zufriedengeben, Ihre Order folgendermaßen aussehen:

cxl sell 1 cafe sep 115.00 stop gtc
sell 1 cafe sep 140.00 stop gtc
Damit haben Sie Ihre alte Stop-loss-order storniert (cxl = cancel) und für ein Abrutschen unter 140 c/lb neu errichtet. Ihr momentaner Gewinn von $ 7500 ist somit voll abgesichert. Nun klettert

der Preis weiter auf 150 c/lb, und Sie wollen Ihren Gewinn realisieren:

sell 1 cafe sep mkt

Wird nun Ihr Kontrakt bestens bei beispielsweise 148 c/lb verkauft, so haben Sie den stattlichen Gewinn von $ 10500 eingefahren, von dem natürlich die Commission abgezogen werden muß.

Wie Sie sehen, ein rasantes Spiel, das Nervenstärke und trotz seines Tempos ein gewisses Quantum Bedächtigkeit verlangt. Natürlich klingt das Beispiel verführerisch, und es muß deshalb darauf hingewiesen werden, daß sich die Entwicklung ebensogut nach unten vollziehen kann, insbesondere wenn nach einem vorübergehenden oder andauernden Kurseinbruch ein oder mehrere Nachschüsse gefordert werden.

Zwischen 5 und 20 Prozent des Kontraktwertes beträgt die einzuschießende Hinterlegung, die Sie auf Ihr Konto bei Ihrem Broker einzahlen müssen, bevor er aktiv wird. Der Broker wiederum muß einen Sicherheitseinschuß an das Clearing House leisten, aber es steht ihm frei, von Ihnen einen das Minimum übersteigenden Einschuß zu verlangen. Diese Politik sollten Sie begrüßen, denn der Möglichkeit, daß Sie Ihren Einschuß aufstocken müssen, ist dann bereits ein Weg gebahnt. Dieses Nachschießen wird immer dann erforderlich sein, wenn infolge von Preiseinbrüchen das Eigenkapital Ihres Kontos unter 25 Prozent der anfänglichen Einschußforderung fällt, und soll das ursprüngliche Einschußniveau wiederherstellen. Kommen Sie einer solchen Aufforderung zu einem Nachschuß nicht unverzüglich nach (hier bewähren sich Engagements, die nur circa die Hälfte Ihres Broker-Kontos belasten), so muß der Broker Ihren Kontrakt liquidieren, was zwangsläufig ein Verlustgeschäft für Sie wäre. Umgekehrt haben Sie selbstverständlich die Möglichkeit, bei einer positiven Entwicklung eines Engagements die Auszahlung des nicht zur Deckung benötigten Betrages zu fordern, wobei sich jedoch immer eine gewisse Reserve zur zügigen Erledigung von Nachschußforderungen empfiehlt, die sich aus einer vielleicht nur vorübergehenden Preisschwankung ergibt.

Die Commissions für Termingeschäfte werden auf Kontraktbasis berechnet und nur bezahlt, wenn eine Position aufgelöst wird. Ein round-turn kostet in der Regel zwischen $ 85 und $ 125 je Kontrakt, wobei für Spreads oder Straddles besondere Sätze gelten.

Wichtige Hinweise

Vor einigen »lebenswichtigen« Tips für den eigentlichen Handel sollen an dieser Stelle noch einige fundamentale Punkte angesprochen werden, die Sie als Spekulant an Terminbörsen intus haben sollten. Versteht sich, daß hierfür beim täglichen Zeitungsstudium mehr als nur die Börsennotierungen ins Auge stechen sollten – vor allem sollten Sie sowohl national als auch international informiert sein über:

- aktuelle Änderungen, Planungen sowie Krisen in den Bereichen: Politik, Wirtschaft, Handel, Forschung, Produktion, Gesetzgebung, Konjunktur
- landwirtschaftliche (Anbau, Ernten, Subventionen, Futterquoten etc.) und klimatische Fakten
- Börsenphysiologie (Zyklen, Anleger- und Spekulantenverhalten, Zinsgefüge)

Verfügen Sie über die obengenannte Basis, die natürlich nur ein Produkt jahrelangen Interesses für die genannten Gebiete sein kann, »dürfen« Sie sich an die Terminbörsen wagen und haben dabei unter Zuhilfenahme Ihres gesunden Menschenverstandes sogar mehr Aussichten auf Erfolg als ein ausgefuchster Chart-Analytiker.

Beim Handel selbst gilt es noch einige grundsätzliche Dinge zu beachten, die sich wiederum auf die gesunde Intuition stützen und gerade deshalb von den meisten Spekulanten nicht bedacht werden:

- Engagements nie aus emotionalem Streß eingehen, sondern ausschließlich aus kühler Einschätzung des Marktes. Dazu gehört auch, keine zwanghaften Geschäfte nur eventueller Gewinne wegen einzugehen. Manchmal ist der Gewinn höher, wenn man sich nicht engagiert.

- Strategisches Vorgehen macht sich bezahlt – insbesondere was die Höhe des Einsatzes, den Termin, das Limit und das Limit für die Glattstellung betrifft. An einmal gefällten Entscheidungen sollten Sie festhalten und sich durch kleine Schwankungen nicht verrückt machen lassen.
- Verlustpositionen frühzeitig beenden, Gewinnpositionen lange ausreizen. Das klingt einfach, doch die Masse verhält sich genau umgekehrt: Die meisten Spekulanten stoßen ihre Kontrakte schon nach kleinen Gewinnen wieder ab und halten verlustreiche Kontrakte zu lange – in der Hoffnung auf eine Wende in letzter Minute.
- Nachdem es keine Gewähr für das Erkennen exakter Tiefstände oder Kursgipfel gibt, ist es ratsam, einem entwickelten und erkannten Trend zu folgen.
- Aufstockungen einer Position stets pyramidenförmig vornehmen. Das Grundengagement sollte daher in eine Spitze auslaufen.
- Als Anfänger sollten Sie sich ausschließlich in breiten Märkten tummeln. Enge Märkte mit niedrigen Umsätzen können bereits zwischen Order und Realisierung zu Verlusten führen.
- Beachten Sie unbedingt die Kosten für Ihren Broker – hektische und tägliche Änderungen führen rasch zu einer Aufzehrung Ihres Kapitals. Den Vorzug müssen daher mittel- bis langfristige Engagements erhalten.

Optionen auf Terminkontrakte

Ein relativ neues Instrument auf dem Spekulationsmarkt sind Optionen auf Terminkontrakte – eine Variante, die es bei genauer Betrachtung in sich hat. Der Käufer einer Kauf- oder Verkaufsoption hat nämlich das Recht, nicht aber die Verpflichtung, einen Terminkontrakt zu einem festgelegten Basispreis innerhalb einer bestimmten Zeitspanne zu erwerben oder zu verkaufen.

Das Geschäft läuft im Prinzip wie beim Optionshandel von Aktien ab, nur daß sich diese Optionen eben auf Waren wie Rohstoffe, Währungen oder Indizes beziehen. Interessant ist diese Spielart vor allem für Spekulanten, deren finanzielle Möglichkeiten sich im Bereich zwischen Optionshandel und Warentermingeschäften bewegen, also ungefähr um die 50000 Mark liegen. Wird spätestens zum Verfalltag, der in der Regel 14 Tage vor Beginn des Termin- oder Andienungsmonats liegt (eine Dezember-Goldoption beispielsweise läuft am Freitag der zweiten Novemberwoche aus), die Option ausgeübt, wird die entsprechende Position errichtet: Die Option wird zum Dezember-Goldkontrakt (Kontrakttermin im Beispiel: Freitag der zweiten Dezemberwoche). Selbstverständlich muß die Option nicht ausgeübt werden, so daß sie jederzeit vor Fälligkeit gehandelt werden kann – ein Vorgehen, das jedoch gewisse Gefahren birgt, da diese Märkte zum Teil eng und illiquide sind. Gehandelt werden zahlreiche Optionen mit unterschiedlichen Basispreisen und Laufzeiten von bis zu 16 Monaten.

Die Vorteile von Optionen auf Terminkontrakte sind zum einen die Hebelwirkung bei begrenztem Risiko, denn ein eventueller Verlust bei Nichtausübung der Option beschränkt sich maximal auf die Optionsprämie. Zum anderen besticht die Option dadurch, daß die Prämie nur einmal für die gesamte Laufzeit entrichtet werden muß, unter Umständen ruinöse Nachschußforderungen also entfallen. Vorsicht jedoch nochmals nach Ausübung der Option: Sie haben dann keine Option mehr, sondern eine Position auf dem Warenterminmarkt, für die ein Einschuß und vor der Glattstellung eventuell Nachschüsse gefordert werden.

Rechtliches und Steuern

Das Landgericht Frankfurt verurteilte jüngst eine Bank zur Rückzahlung von 9264 Mark an einen Studenten, die von dessen Konto zwecks Erwerb von sechs Kaufoptionen für 300 Aktien im Nennwert von 300000 Mark abgebucht worden waren (AZ: 2/210553/87). Der rührige Student berief sich nämlich, als die Spekulation nicht den gewünschten Verlauf nahm, auf seine mangelnde Geschäftsfähigkeit und wurde darin durch das Gericht bestätigt, das beschied, daß für das Geschäft keine Rechtsgrundlage bestanden habe.

Nun, Sie müssen nicht gerade Student sein, um sich mangels Termingeschäftsfähigkeit aus einer Zwickmühle retten zu können, denn normalerweise müssen für diese Art von Geschäften beide Vertragsparteien Kaufleute im Sinne des Handelsrechts sein. Natürlich versuchen sich die Banken – die ja für den privaten Spekulanten die Funktion des Kaufmanns übernehmen – dahingehend abzusichern, doch laufen diese Maßnahmen in der Regel darauf hinaus, daß die meisten Banken Optionsgeschäfte nur ausgesprochen ungern vermitteln.

Wie an anderer Stelle bereits erwähnt, stuft die deutsche Rechtsordnung Options- und Termingeschäfte wie Spiel oder Wette ein, so daß es dem Spekulanten gestattet ist, den sogenannten Termin- oder Differenzeinwand zu erheben – Banken oder Broker im Ausland oder inländische Institute, die ausländisches Recht vereinbaren, können dann vor deutschen Gerichten den

Schuldbetrag nicht eintreiben. Im Klartext heißt das: Einschüsse können zurückverlangt, Nachschüsse müssen nicht bezahlt werden. Nun ist solches Vorgehen natürlich nicht die Regel, und ein engagierter Spekulant wird sich hin und wieder auch mit »selbstverschuldeten« Verlusten abfinden können. Das Geschäft zwischen Bank beziehungsweise Broker und Spekulant ist nach wie vor – bis zu einer geplanten Änderung des Börsenrechts – Vertrauenssache unter dem Motto »Spielschulden sind Ehrenschulden«.

Eines noch sollten Sie wissen: Sämtliche fälligen Prämien, Einschüsse oder Nachschüsse muß der Bank- beziehungsweise Broker-Kunde ausdrücklich zur Zahlung anweisen. Wird ein Betrag eigenmächtig vom Konto abgebucht und der Kunde erklärt sich nachträglich nicht damit einverstanden, kann er den abgebuchten Betrag zurückverlangen. Und nimmt ein Kunde außerdem widerspruchslos hin, daß ausstehende Forderungen mit seinem Guthaben verrechnet werden, so liegt darin keine wirksame Zustimmung – unvollkommene Verbindlichkeiten, auch Naturalobligationen genannt, werden durch Verrechnung nicht erfüllt.

Zum Punkt Versteuerung von Spekulationsgewinnen besteht zur Zeit eine etwas unklare Gesetzgebung – beispielsweise sind sie nicht bilanzierungspflichtig. Als grobe Faustformel sollten Sie jedoch berücksichtigen, daß laut §§ 22 und 23 Einkommenssteuergesetz folgende Richtlinien gelten:

- Ein Spekulationsgeschäft bei Wertpapieren liegt vor, wenn der Zeitraum zwischen Anschaffung und Veräußerung weniger als sechs Monate beträgt.
- Spekulationsgewinne, die innerhalb eines Kalenderjahres unter 1000 Mark liegen (bei zusammen veranlagten Eheleuten 2000 Mark), bleiben steuerfrei. Höhere Beträge sind in voller Höhe zu versteuern.
- Spekulationsverluste dürfen mit anderen positiven (Neben-)Einkünften nicht verrechnet werden.

Ob Sie nun angesichts dieser vagen Normen, die das Warentermingeschäft völlig außer acht lassen, Ihre Gewinne wie andere Einkünfte ordentlich versteuern oder ganz einfach überhaupt nichts unternehmen, bleibt letztendlich Ihnen überlassen. Steuerlichen Rat, der individuell auf Ihre Situation abgestimmt ist, kann Ihnen nur ein Steuerberater erteilen, der mit der Materie mehr als nur vertraut ist – einschlägige Adressen kann Ihnen Ihr Broker vermitteln.

Übrigens: Wenn man durch Spekulationen sehr viel Geld verdienen könnte – welcher Broker würde dann noch seine Zeit damit verschwenden, Sie anzurufen?

Anhang

Spielcasino

CASINOS IN DEUTSCHLAND

Bad Aachen
(Nordrhein-Westfalen)
Neues Kurhaus,
Monsheimer Allee 44

Baden-Baden (Baden-Württemberg)
Kurhaus, Kaiserallee 1

Bad Bentheim (Niedersachsen)
Ochtrupper Str. 38

Bad Dürkheim (Rheinland-Pfalz)
Kurhaus, Schloßplatz 8

Bad Ems (Nordrhein-Westfalen)
Kurhaus, Römerstr. 8

Bad Harzburg (Niedersachsen)
Hotel Harzburger Hof,
Kurhausstr. 23

Bad Homburg
(Hessen)
Im Kurpark

Bad Kissingen (Bayern)
Luitpoldstr. 1

Bad Neuenahr (Rheinland-Pfalz)
Felix-Rütten-Str. 1

Bad Oeynhausen
(Nordrhein-Westfalen)
Kurhaus, Am Kurpark 7

Bad Pyrmont (Niedersachsen)
Kurhotel, Heiligenangerstr. 4

Bad Reichenhall (Bayern)
Wittelsbacher Str. 17

Bad Wiessee (Bayern)
Bodenschneidstr. 10

Bad Zwischenahn
(Niedersachsen)
Hotel-Restaurant
Jagdhaus Eiden am See

Berlin
Europa-Center,
Budapester Straße

Borkum (Niedersachsen)
Kurhalle am Meer

Bremen
Böttcherstr. 3-5

Garmisch-Partenkirchen (Bayern)
Bahnhofstr. 74

Hamburg
Hotel Intercontinental
Fontenay 10
(Eingang Badestraße)

Hannover (Niedersachsen)
Am Maschsee
Filiale: Kanalstr. 7

Hittfeld (Niedersachsen)
2105 Seevetal 1, Kirchstr. 15

Hohensyburg
(Nordrhein-Westfalen)
4600 Dortmund 30,
Hohensyburgstr. 200

Konstanz (Baden-Württemberg)
Seestr. 21

Lindau (Bayern)
Auf dem Wall 6

Mainz (Nordrhein-Westfalen)
Hilton Hotel, Rheinstraße

Norderney (Niedersachsen)
Im Kurhaus

Saarbrücken (Saarland)
Am Ludwigspark/Saarlandhalle

Travemünde (Schleswig-Holstein)
Kaiserallee 2

Trier (Nordrhein-Westfalen)
Dorint Hotel, Porta Nigra Platz

Westerland/Sylt
(Schleswig-Holstein)
Andreas-Nielsen-Str. 1

Wiesbaden (Hessen)
Im Kurhaus

CASINOS IN ÖSTERREICH

Baden bei Wien
(Niederösterreich)
Im Kurpark

Badgastein (Salzburg)
Im Grand Hotel de l'Europe

Bregenz (Vorarlberg)
Am See, Hotel Mercure

Graz (Steiermark)
Im Grazer Congress

Kitzbühel (Tirol)
Im Hotel Goldener Greif

Kleinwalsertal (Vorarlberg)
Riezlern

Linz (Oberösterreich)
Im Hotel Schillerpark

Salzburg
Im Café Winkler

Seefeld (Tirol)
Im Hotel Karwendelhof

Velden (Kärnten)
Am Wörthersee

Wien
Im Palais Esterházy,
Kärntner Str. 41

JEU DE LA BOULE IN DER SCHWEIZ

Arosa, Bad Ragaz, Baden, Bern, Brunnen, Crans, Davos, Engelberg, Genf, Interlaken, Locarno, Lugano, Luzern, Montreux, Rheinfelden, St. Moritz, Thun, Zürich

CASINOS IN GRENZNÄHE ZUR SCHWEIZ

Deutschland: Konstanz, Lindau

Österreich: Bregenz

Frankreich: Divonne, Evian

Italien: Campione

INTERNATIONALE CASINOS

Argentinien	
Australien	
Belgien	Blankenberge, Chaudfontaine, Dinant, Knokke-Heist, Namur, Ostende, Spa
Bophuthatswana	Sun City
Brasilien	
Bulgarien	Burgas, Sofia, Varna
Chile	
Elfenbeinküste	
Frankreich	Aix-en-Provence, Amélie-les-Bains, Beaulieu, Biarritz, Canet-Plage, Cannes, Chamonix, Deauville, Divonne, Evian, Le Boulou, Niederbronn, Sourcès, Vichy
Gabun	
Gambia	
Ghana	
Griechenland	Chalkidike, Korfu, Mont Parnis, Rhodos
Großbritannien	
Indonesien	
Italien	Campione, San Remo, St. Vincent/Aosta
Jugoslawien	Belgrad, Bled, Cavtat, Dubrovnik, Ohrid, Opatija, Porec, Portoroz, Rovinj, Skopje, Sveti Stefan, Umag, Zagreb
Karibik	Antigua, Aruba, Bahamas, Bonaire, Curaçao, Dominikanische Republik, Guadeloupe, Haiti, Martinique, Puerto Rico, St. Martin
Kenia	
Kolumbien	
Lesotho	
Liberia	
Luxemburg	
Macao	
Madagaskar	
Malta, Mauritius	
Monaco, Nepal	
Niederlande	Scheveningen, Valkenburg, Zandvoort
Nigeria	
Panama	
Paraguay	
Philippinen	
Polen	Krakau
Portugal	Alvor, Espinho, Estoril, Figueira da Foz, Madeira, Monte Gordo, Povóa de Varzim, Vilamoura
Sambia	
Senegal	
Spanien	Alicante, Azarmenor, Barcelona, Cádiz, Castillo de Perelada, Ibiza, Lloret de Mar, Madrid

GESAMTÜBERSICHT SPIELCASINOS

Sri Lanka	
Togo	
Tschecho-slowakei	
Türkei	Istanbul
Ungarn	Budapest, Héviz
Uruguay	
USA	Las Vegas, Reno, Lake Tahoe, Atlantic City
Zimbabwe	
Zypern	

KRITERIEN FÜR PATHOLOGISCHES GLÜCKSSPIEL

(nach dem Bremer Psychologen Gerhard Meyer)

- Sie sind häufig gedanklich mit dem Glücksspiel beschäftigt oder damit, das Geld dafür zu beschaffen.
- Sie verspielen oft höhere Beträge oder spielen länger als beabsichtigt.
- Sie haben das Bedürfnis, die Höhe der Einsätze oder die Häufigkeit des Glücksspiels zu steigern, um die angestrebte lustbetonte Erregung zu erreichen.
- Sie zeigen innere Unruhe oder Reizbarkeit, wenn Sie nicht spielen können.
- Sie verlieren wiederholt beim Glücksspiel und spielen am nächsten Tag weiter, um die Verluste auszugleichen (»chasing«).
- Sie versuchen wiederholt, das Glücksspiel einzuschränken oder aufzugeben.
- Sie spielen häufig, wenn Sie eigentlich sozialen, Ausbildungs- oder beruflichen Verpflichtungen nachkommen müßten.
- Sie haben einige wesentliche soziale oder berufliche Tätigkeiten oder Freizeitbeschäftigungen aufgegeben, um zu spielen.
- Trotz der Unfähigkeit, die wachsenden Schulden zu bezahlen, oder anderer sozialer oder beruflicher Probleme oder Gesetzeskonflikte, von denen Sie wissen, daß sie sich durch das Glücksspiel verstärken, spielen Sie weiter.

(Treffen vier dieser Kriterien auf Sie zu, gelten Sie nach Meyer als spielsüchtig.)

ANLAUFSTELLEN BEI SPIELSUCHT

(Regionale Gruppen können jeweils bei den nachstehenden Adressen erfragt werden.)

Selbsthilfegruppe Anonyme Spieler der Bremer Landesstelle gegen Suchtgefahren
2800 Bremen, Schwachhauser Heerstr. 45

Deutscher Caritasverband, Referat Gefährdetenhilfe
7800 Freiburg, Karlstr. 40

Gesamtverband der Suchtkrankenhilfe im Diakonischen Werk
3500 Kassel, Brüder-Grimm-Platz 4

Deutsche Hauptstelle gegen Suchtgefahren
4700 Hamm 1, Westring 2

Verein Anonyme Spieler
1120 Wien, Hetzendorfer Str. 75a

Anonyme Spieler Österreich
c/o Dr. Pernhaupt
1235 Wien, Traubengasse 6

National Service Office
Gamblers Anonymous
London S. W. 10,
17/23 Blentyre Street
Cheyne Walk

The National Council on
Compulsive Gambling
New York, N.Y. 10001,
3 West 29 Street

LITERATURHINWEISE

Ahrends, M.
Das große Geld, Heyne Verlag,
München

Basieux, P.
Roulette, Printul Verlag, München

Cordonnier, C.
Black Jack, Printul Verlag,
München

Dostojevskij, F. M.
Der Spieler, Rowohlt Verlag,
Reinbek

Fröhling, U.
Droge Glücksspiel, Mosaik Verlag,
München

Jung, M.
Roulette, Falken-Verlag,
Niedernhausen/Ts.

Koken, C.
Roulette, Oldenbourg Verlag,
München

Meyer, G.
Geldspielautomaten mit
Gewinnmöglichkeit,
Studienverlag Dr. N. Brockmeyer,
Bochum

Möller, M. L.
Selbsthilfegruppen,
Rowohlt Verlag, Reinbek

Schütte, F.
Glücksspiel und Narzißmus
Studienverlag Dr. N. Brockmeyer,
Bochum

Rennbahn

GALOPPRENNBAHNEN IN DEUTSCHLAND

Baden-Baden/Iffezheim, Bad Harzburg, Bremen, Dortmund, Düsseldorf, Frankfurt, Gelsenkirchen, Hamburg-Horn, Hannover, Haßloch, Köln, Krefeld, Mannheim, Mülheim/Ruhr, München-Riem, Neuss, Saarbrücken

TRABRENNBAHNEN IN DEUTSCHLAND

Berlin-Mariendorf, Dinslaken, Elmshorn, Erbach, Gelsenkirchen, Hamburg-Bahrenfeld, Haßloch, Heiligenwald, Herxheim, Karlsruhe-Knielingen, Mönchengladbach, Mühldorf, München-Daglfing, München-Riem, Pfaffenhofen, Pfarrkirchen, Recklinghausen, Saarbrücken/Güdingen, Straubing

RENNBAHNEN IN DER SCHWEIZ

(für Galopp- und Trabrennen, St. Moritz auch Skijöring)

Aarau, Arosa, Basel, Fehraltorf, Frauenfeld, Luzern, Maienfeld, Saignelégier, St. Moritz, Yverdon-les-Bains, Zürich-Dielsdorf

GALOPPRENNBAHNEN IN ÖSTERREICH

Wien-Freudenau

TRABRENNBAHNEN IN ÖSTERREICH

Baden, Graz-Wildon, Gröbming, Salzburg, St. Pölten, St. Veit an der Glan, Wels, Wien-Krieau

RENNSPORTVERBÄNDE IN DEUTSCHLAND

Galopprennen

Direktorium für Vollblutzucht und Rennen

GESAMTÜBERSICHT RENNBAHNEN

Deutscher Trainer- und
Jockey-Verband
Besitzervereinigung
für Vollblutzucht und Rennen
Verein zur Förderung der
Vollblutzucht und Traberzucht
Union-Club
Galopp Club Deutschland
alle 5000 Köln 60,
Rennbahnstr. 154

Arbeitsgemeinschaft
Westdeutscher Rennvereine
c/o Düsseldorfer Reiter- und
Rennverein
4000 Düsseldorf, Wagnerstr. 26

Verband Süddeutscher
Rennvereine
6120 Erbach, Neckarstr. 3

Verband Nordwestdeutscher
Rennvereine
3388 Bad Harzburg 1,
Bismarckstr. 76

Bayerische Besitzervereinigung
für Vollblutzucht und Rennen
8201 Neubeuern, Am Gereut 20

Norddeutsche
Besitzervereinigung
für Vollblutzucht und Rennen
3000 Hannover 51,
Läuferweg 21b

Bayerische Länderkommission für
Galopprennen Klasse B
8340 Pfarrkirchen,
Blumenhöhe 9a

Verein Deutscher Besitzertrainer
2907 Großenkneten,
Moorbeker Str. 35

Verband Deutscher Amateur-
Rennreiter
5000 Köln 1,
Theodor-Heuss-Ring 28

Verein für Hindernis-Rennen
1881
2800 Bremen 1, Slevogtstr. 54-56

Trabrennen

Hauptverband für
Traber-Zucht und -Rennen
4044 Kaarst 2 bei Neuss,
Gutenbergstr. 40

Commission für Traber-Zucht
und -Rennen in Bayern
8000 München 80,
Hornsteinstr. 18/1

Oberste Behörde für Traber-
Zucht und -Rennen
1000 Berlin 42,
Mariendorfer Damm 222-298

Zentralverband für Traber-Zucht
und -Rennen
4400 Münster,
Neubrückenstr. 12-14

Besitzer- und Züchterverein
Westdeutscher Trabrenn-
Amateurfahrer
Deutscher Trabrenn-
Amateurfahrer-Verband
alle
4200 Oberhausen 11,
Hartmannstr. 60

Verein Westdeutscher Traber-
Züchter und -Besitzer
4405 Nottuln 2, Gestüt Haus
Giesking, Hangenau 25

Verein Deutscher Traber-
Besitzerinnen und
Amateurfahrerinnen
4600 Dortmund 1,
Unterwaldener Str. 39

Verband der Traber-Trainer
4650 Gelsenkirchen,
Feldmarkstr. 115

RENNSPORTVERBÄNDE IN DER SCHWEIZ

Schweizer Pferderennsport-
Verband
8050 Zürich, Schaffhauserstr. 315

Galopprennen

Schweizer Galopprennsport-
Verband
8050 Zürich, Schaffhauserstr. 315

Club der Rennpferde-Besitzer
Sekretär: Josef Bloch
8155 Niederhasli, Chastelhof

Vereinigung Schweizer
Vollblutzüchter
Geschäftsstelle: Dr. H. P. Meier
3322 Schönbühl-Urtenen,
Baumgärtliweg 17

Schweizer Rennreiter-Verband
Sekretärin: Maria Leibundgut
5000 Aarau,
General-Guisan-Str. 31

Schweizerische Galopptrainer-
Vereinigung
Präsident: Urs Muntwyler
8627 Grüningen, Hinderholz

Trabrennen

Schweizerischer Trabrenn-
Verband
8050 Zürich, Schaffhauserstr. 315

RENNSPORTVERBÄNDE IN ÖSTERREICH

Galopprennen

Wiener Galopp-Rennverein
Jockey Club für Österreich
alle
1020 Wien-Freudenau 65,
Rennbahnstraße

Trabrennen

Österreichischer Trabrenn-Verein
1010 Wien, Nibelungengasse 3

BUCHMACHER IN DEUTSCHLAND

Deutscher Buchmacherverband
4300 Essen 1, Moorenstr. 23

Baden-Baden
D. Waag, Luisenstr. 12

Berlin 12
G. Albers, Bismarckstr. 67

Bielefeld
D. Roßkamp, Ritterstr. 33

Bochum, J. Efroni, Brückstr. 8

Bonn, P. Göser, Nöggerath 20

Bottrop
R. Paweltzik, Horster Str. 26-28

Braunschweig
W. Mattern, Kohlmarkt 12

Bremen, B. Albers, Fedelhören 87

Dortmund
B. Brose, Reinoldistr. 17-19
Schimmelstr. 6
Alfred-Trappen-Str. 42
Limbeckerstr. 3
P. Schickle, Bissenkamp 6
Hohe Str. 16
Mallinckrodtstr. 62-64
Harkortstr. 92

Düsseldorf
D. Beck, Friedrich-Ebert-Str. 45
F. Düren, Marktplatz 9
E. Garbinski,
Am Worringer Platz 20
W. Korn, Karl-Rudolf-Str. 167
G.-H. Pricha, Tonhallenstr. 10
M. Sieberts, Am Kölner Tor 32
Roßstr. 47a

K. Vogelbein, Königsallee 61

Duisburg
W. Korn, Am Buchenbaum 38
A. Springer,
Friedrich-Wilhelm-Str. 90

Essen
G. Konnewitz, Turmstr. 14
R. Paweltzik, Henriettenstr. 14

Flensburg, E. Wells, Holm 47

Frankfurt
J.-U. Flechtner, Stiftstr. 14
M. Fröhlich, Münchener Str. 21
Neue Kräme 29
Reineckestr. 1
Schwarzwaldstr. 110
K. Fuhr, Schwarzwaldstr. 84
W. Hensel, Schulstr. 1
P. Hess, Elbestr. 20
Große Eschenheimer Str. 13a
H.-U. Kanieß, Kaiserstr. 62-64

Gelsenkirchen
R. Paweltzik, Hauptstr. 6
Devenstr. 71

Hagen, J. Efroni,
Stresemannstr. 15

Hamburg
H.-P. Dietz, Steintorweg 8
A. Helwege, Hammerstr. 4
H.-W. Losehand, Reeperbahn 116
Schanzenstr. 95
H.-J. Scholten, Pestalozzistr. 16

Hannover
B. Albers, Große Packhofstr. 26
Falkenstr. 9
Fössestr. 8
K. Wessel, Steintorstr. 3
Ferd.-Wallbrecht-Str. 9

Hilden, D. Beck, Mittelstr. 62a

Hildesheim
W. Wasshausen, Kaiserstr. 52

Karlsruhe
W. Hensel, Markgrafenstr. 30a

Kehl, D. Waag, Hauptstr. 131

Köln
J. Betz, Aachener Str. 14
M. Garbinski, Karolinger Ring 17
Marzellenstr. 10
Hohenzollernring 17
P. Göser, Hansaring 52
Hohenstaufenring 28
J. Gutkäß, Christinastr. 31
A. Springer, Mauritiussteinweg 85

Krefeld
G.-H. Pricha, Ostwall 11
W. Schmitz, Karlsplatz 13
Hülser Str. 84

Lübeck, H. J. Griebe,
Belauer Fohr 18–24

Ludwigshafen
G. Albers, Pasadena-Allee 15

Mannheim
G. Albers, N 4, 17
R. Steiner, D 2, 11

Mülheim/Ruhr
W. Korn, Kaiserplatz 2c

München
S. Springer, Bayerstr. 37
Herzog-Heinrich-Str. 38
Ainmillerstr. 43
Maderbräustr. 4
Am Altheimer Eck 2

Neuss
P. Ernestus, Hamtorwall 3
M. Sieberts, Brandgasse 2

Oberhausen
M. Kottkamp, Nohlstr. 23
Markstr. 7

Offenbach
W. Hensel, Berliner Str. 122

Stuttgart, R. Nüssle, Bärenstr. 4

Wiesbaden
J.-U. Flechtner, Webhergasse 3

Witten, B. Brose, Obergasse 1

Wuppertal
A. Sommers, Schloßbleiche 18
Mühlenweg 61

WETTANNAHMESTELLEN DER GALOPPRENNVEREINE

Baden-Baden
Lichtentaler Allee 8
Rastatter Str. 22 (Sandweier)

Bochum, Wittener Str. 141

Bremen, Fedelhören 87

Bühl, Steinstr. 2

Dortmund, Rennweg 70

Duisburg, Hohestr. 53

Düsseldorf, Prinz-Georg-Str. 91

Essen, Weberstr. 12

Frankfurt
Schwarzwaldstr. 125
Elefantengasse 11-13

Gelsenkirchen, Essener Str. 57

Hamburg 13, Isestr. 2

Hannover 1, Berliner Allee 46

Iffezheim, Josefstr. 15

Karlsruhe, Haid-u.-Neu-Str. 18

Köln
Theklastr. 1
An den Dominikanern 2

Krefeld, Rheinstr. 39

Langenhagen
Theodor-Heuss-Str. 41

Ludwigshafen, Pasadena-Allee 15

Mannheim, C 2, 19

München, Perusastr. 1

Neuss, Kapitelstr. 19

Rastatt, Kaiserstr. 25a

BUCHMACHER IN ÖSTERREICH

Obmann der Österreichischen
Buchmacher
H. Sterk, 1010 Wien,
Laxenburger Str. 3-5

LONDONER BUCHMACHER

SSP Overseas Betting
PO Box 259, London N 51 NY

Ladbroke Racing Ltd.
Hanover House, Lyon Road,
Harrow/Middlesex HA 12 ES

I.G. Index
11, Grosvenor Gardens,
London SW 1 W OBD

William Hill
Hill House, 133, Blackfriars Road,
London SE1 8EJ

Coral Racing Ltd.
Glebe House Ltd., Vicarage Drive,
Barking/Essex IG 117 NS

AUKTIONSVERANSTALTER

Baden-Badener
Auktionsgesellschaft
4040 Neuss 21, Welderstr. 27

Derby Auktions Agentur
4630 Bochum 6, Postfach 600404

Axel Donnerstag/
Alexa Stromenger-Donnerstag
4150 Krefeld 1, Scheibler Str. 65

Vollblut-Marketing
4715 Ascheberg 2, Forsthövel 33

FACHPRESSE

Deutschland

Galopp-Intern
Pro Galopp
Jockey (Rennen in Frankreich)
Sport-Welt
Turf
Vollblut – Zucht und Rennen
Wochenrennkalender
Starter
Herold
Heat
Traber aktuell

Schweiz

Turf Information

Österreich

Turf Sport Galopp
Traber-Zeitung

INTERNATIONALE JOCKEY-CLUBS

(bzw. Rennsportverbände)

Algerien	Algier
Argentinien	Buenos Aires
Australien	Randwick, Morphettville, Sydney, Melbourne
Barbados	Bridgetown
Belgien	Brüssel
Bolivien	La Paz
Brasilien	Rio de Janeiro, São Paulo
Bulgarien	Sofia
Chile	Klampenborg
Ecuador	Quito
Frankreich	Paris
Griechenland	Athen
Großbritannien	London
Hongkong	Happy Valley
Indien	Bombay, Madras, Kalkutta, Poona
Indonesien	Djakarta
Iran	Teheran
Irland	The Curragh
Israel	Tel Aviv
Italien	Rom, Mailand
Jamaica	Kingston
Japan	Tokio
Jersey	St. Helier
Jugoslawien	Belgrad
Kanada	Rexdale
Kenia	Nairobi
Kolumbien	Bogotá
Libanon	Beirut
Malaysia	Singapur, Kuala Lumpur
Mali	Bamako
Malta	Marsa
Marokko	Rabat
Mauritius	Port Louis
Mexiko	Mexico
Neuseeland	Wellington
Niederlande	Den Haag
Norwegen	Oslo
Pakistan	Karachi
Paraguay	Asuncion
Peru	Lima
Philippinen	Makati/Rizal
Polen	Warschau
Puerto Rico	65th Infantry Station/Rio Piedras
Rumänien	Bukarest
Sarawak (Borneo)	Kuching
Schweden	Stockholm

Senegal	Dakar
Spanien	Madrid
Sudan	Khartum
Südafrika	Johannesburg, Durban
Thailand	Bangkok
Trinidad	Woodbrook
Tschecho-slowakei	Prag
Tunesien	Tunis
Türkei	Istanbul
UdSSR	Moskau
Ungarn	Budapest
USA	New York, Lexington
Uruguay	Montevideo
Venezuela	Caracas
Zimbabwe	Harare
Zypern	Nikosia

Börse

AUFSICHTSBEHÖRDEN UND KONTROLLORGANE

Association of Futures, Brokers and Dealers Ltd.
Cerial House, 58 Mark Lane,
London EC 3 R 7 NE

Commodity Futures Trading Commission (CFTC)
Division of Enforcement
2033 K Street, N.W.,
Washington D.C. 20581

National Futures Association (NFA)
200 West Madison Street,
Suite 1600
Chicago, Illinois 60606

Securities and Exchange Commission (SEC)
Office of Consumer Affairs,
Washington D.C. 20549

DIE WICHTIGSTEN TERMINBÖRSEN

AMEX	American Stock Exchange, New York
CBOE	Chicago Board Options Exchange
CBOT	Chicago Board of Trade
CME	Chicago Mercantile Exchange
COMEX	Commodity Exchange, New York
CRCE	Chicago Rice & Cotton Exchange
CSCE	New York Coffee, Sugar & Cocoa Exchange
DTB	Deutsche Terminbörse, Frankfurt
EOE	European Options Exchange, Amsterdam
EOER	Energy Options Exchange, Rotterdam
FINEX	Financial Instrument Exchange, New York
IMM	International Monetary Market, Chicago
INTEX	International Futures Exchange, Hamilton/Bermudas

IOM	Index & Option Market, Chicago
IPE	International Petroleum Exchange, London
KCBT	Kansas City Board of Trade
LCE	London Commodity Exchange
LIFFE	London International Financial Futures Exchange
LME	London Metal Exchange
MATIF	Marché à Terme des Instruments Financiers de Paris
MGE	Minneapolis Grain Exchange
MIDAM	MidAmerica Commodity Exchange, Chicago
NYCE	New York Cotton Exchange
NYFE	New York Futures Exchange
NYMEX	New York Mercantile Exchange
NYSE	New York Stock Exchange (»Wall Street«)
NZFE	New Zealand Futures Exchange, Auckland
OM	Options Maklarna, Stockholm
PHLX	Philadelphia Stock Exchange
SFE	Sydney Futures Exchange
SIMEX	Singapore International Monetary Exchange
SOFE	Sweden Options and Futures Exchange, Stockholm
SOFFEX	Swiss Options and Financial Futures Exchange, Zürich
WCE	Winnipeg Commodity Exchange

OPTIONSHANDEL AN DEUTSCHEN BÖRSEN

(Stand: September 1988)

Inländische Werte (Mindestschluß 50 Stück)

AEG, AGIV, BASF, Bayer, Bayerische Hypotheken- und Wechselbank, Bayerische Vereinsbank, BBC, Bewag, BHF-Bank, BMW, Commerzbank, Continental, Daimler-Benz, Degussa, Deutsche Babcock Stammaktien, Deutsche Babcock Vorzugsaktien, Deutsche Bank, Dresdner Bank, Feldmühle Nobel, Harpener, Henkel, Hoechst, Hoesch, Kali und Salz, Karstadt, Kaufhof, KHD, Klöckner-Werke, Linde, Lufthansa Stammaktien, Lufthansa Vorzugsaktien, MAN Stammaktien, MAN Vorzugsaktien, Mercedes-Holding, Metallgesellschaft, Nixdorf, Porsche, Preussag, Rheinmetall Stammaktien, Rheinmetall Vorzugsaktien, Rütgerswerke, RWE Stammaktien, RWE Vorzugsaktien, Schering, Siemens, Thyssen, Varta, Veba, VEW, Viag, VW Stammaktien, VW Vorzugsaktien, Wella

Ausländische Werte (Mindestschluß 100 bzw. 1000 Stück)

Alcan, Chrysler, Elf Aquitaine, IBM, Norsk Hydro, Philips, Sony (1000 Stck.) Unilever, Xerox

SOFFEX-OPTIONEN

(Mindestschluß 5 Stück)
(Stand: September 1988)

Ciba-Geigy I, Hoffmann-La Roche GS, Jacobs-Suchard I, Nestlé I, Sandoz PS, Schweiz. Bankgesellschaft I, Schweiz. Bankverein I, Schweiz. Kreditanstalt I, Schweizer Rück PS, Schweiz. Volksbank St, Zürich Versicherung I

I = Inhaberaktien;
PS = Partizipationsscheine;
GS = Genußscheine;
St = Stammaktien

SOFFEX-MITGLIEDER

(Stand: April 1988)

American Express Bank, Zürich
Banca del Gottardo, Lugano
Banca della Svizzera Italiana, Lugano, Zürich
Bank Cantrade AG, Zürich
Bank Cial, Basel
Bank Hofmann, Zürich
Bank Julius Bär & Co. AG, Zürich
Bank J. Vontobel & Co. AG, Zürich
Bank Leu AG, Zürich
Bank Sarasin & Cie., Zürich, Basel
Banque Cantonale Vaudoise, Lausanne
Banque Paribas SA, Genf
Basler Kantonalbank, Basel
BMP Wertpapiere & Optionen AG, Zürich
Citicorp Investment Bank, Zürich
Compagnie de Banque et d'Investissements, Genf
Consolida Shatkin SA, Lausanne
Crédit Suisse, Genf und Filialen
Darier & Cie, Banquiers, Genf
DG Bank AG, Zürich
Dreyfus Söhne & Cie AG, Basel
E. Gutzwiller & Cie, Banquiers, Basel
Ferrier Lullin & Cie AG, Genf
FFM Hentsch Swissoptions AG, Genf
HandelsBank NatWest, Zürich
Industrie- und Handelsbank AG, Zürich
Kantonalbank von Bern, Bern
La Roche & Co., Banquiers, Basel
Lombard, Odier & Cie, Genf
Pictet & Cie, Genf
Privatbank & Verwaltungsgesellschaft, Zürich
Rahn & Bodmer, Banquiers, Zürich
Robert Fleming AG, Zürich
Rüd, Blass & Cie AG, Bankgeschäft, Zürich
Schweiz. Bankgesellschaft, Basel, Zürich und Filialen
Schweiz. Bankverein, Basel, Zürich und Filialen
Schweiz. Kreditanstalt, Basel, Zürich und Filialen
Schweiz. Volksbank, Zürich und Filialen
Servisen Trading AG, Zug
Société de Banque Suisse, Genf und Filialen
Sonegal, Zürich
Solothurner Kantonalbank, Solothurn und Filialen

St. Gallische Kantonalbank, St. Gallen
Union de Banques Suisses, Genf und Filialen
Verwaltungs- und Privat-Bank AG, Vaduz
Wirtschafts- und Privatbank, Zürich
Zürcher Kantonalbank, Zürich und Filialen

BROKER

(registriert und staatlich geprüft; Auswahl)

Daiwa
Dean Witter Reynolds
Dominick & Dominick
E. F. Hutton & Comp.
Fahnestock & Co.
Hornblower Fischer
Merrill Lynch
Nesbitt Thomson
Prudential-Bache Securities
Refco Commodity Services
Richardson Securities of Canada
Salomon Brothers
Shearson Lehman
The Nikko Securities
Thomson McKinnon
Yamaichi International

Fast alle Broker haben Niederlassungen an den wichtigsten Finanzzentren der Welt. Prudential-Bache Securities unterhält beispielsweise folgende internationale Büros:

Argentinien	Buenos Aires
Australien	Melbourne, Sydney
Belgien	Antwerpen, Brüssel
Deutschland	Düsseldorf, Frankfurt, Hamburg, Köln, München, Stuttgart
Frankreich	Paris
Griechenland	Athen
Großbritannien	London
Hongkong	
Italien	Mailand
Japan	Tokio
Kanada	Calgary, Edmonton, Halifax, Laval, London, Montreal, Mississauga, Ottawa, Regina, Scarborough, Toronto (3), Vancouver, Victoria, Winnipeg
Luxemburg	
Monaco	Monte Carlo
Niederlande	Amsterdam, Rotterdam
Puerto Rico	San Juan
Schweiz	Chiasso, Genf, Lugano, Zürich
Singapur	
Spanien	Madrid
Uruguay	Montevideo
USA	New York (2)
Virgin Islands	St. Croix, St. Thomas

TICKER-SYMBOLE

(mit den entsprechenden Börsenplätzen)

11 SGR	SUGAR WORLD # 11 CSCE
14 SUGAR	SUGAR DOMESTIC # 14 CSCE

BEANS	SOYBEANS	CBOT
BELLY	PORK BELLIES FROZEN	CME
CAFE	COFFEE »C«	CSCE
CB10NOTE	US TREASURY NOTES (6½–10 year)	CBOT
CBTGNMA	GNMA (CDR) INTEREST RATES	CBOT
CG BND	US TREASURY BONDS	CBOT
CG CDL	CANADIAN DOLLAR	IMM
CG DMK	GERMAN MARK	IMM
CG ECU	EUROPEAN CURRENCY UNIT	CME
CG OATS	OATS	CBOT
CG PND	BRITISH POUND	IMM
CG SWF	SWISS FRANC	IMM
CG TBL	US TREASURY BILLS (90 days)	IMM
CG WHT	WHEAT	CBOT
CG YEN	JAPANESE YEN	IMM
CG1KGOLD	GOLD	CBOT
CH AUD	AUSTRALIAN DOLLAR	IMM
CME CERT	CERTIFICATES OF DEPOSIT	IMM
CMX ALUM	ALUMINIUM	COMEX
CMX GLD	GOLD	COMEX
COA	COCOA	CSCE
CORN	CORN	CBOT
CRB INDX	COMMODITY RESEARCH BUREAU INDEX	NYFE
CRC RICE	ROUGH RICE	CRCE
CTN	COTTON # 2	NYCE
EURO DOL	EURODOLLARS	IMM
FCOJ	ORANGE JUICE FROZEN CONCENTRATED	NYCE
FD CTL	CATTLE/FEEDER	CME
FR FRC	FRENCH FRANC	IMM
HOGS	HOGS/LIVE	CME
HT OIL	NY HEATING OIL (# 2)	NYMEX
IMM GLD	GOLD	IMM
IOM INDX	S&P 500 STOCK INDEX	IOM
KC VLIC	VALUE LINE	KCBT
KC WHT	WHEAT	KCBT
LV CTL	CATTLE/LIVE	CME
MEAL	SOYBEAN MEAL	CBOT
MIDBEAN	SOYBEANS	MIDAM
MIDBILL	US TREASURY BILLS (90 days)	MIDAM
MIDBOND	US TREASURY BONDS	MIDAM
MIDCATL	CATTLE/LIVE	MIDAM

MIDCDLR	CANADIAN DOLLAR	MIDAM
MIDCORN	CORN	MIDAM
MIDFRANC	SWISS FRANC	MIDAM
MIDGLD NY	GOLD	MIDAM
MIDHGCPR	COPPER (high grade)	MIDAM
MIDHOGS	HOGS/LIVE	MIDAM
MIDMARK	GERMAN MARK	MIDAM
MIDNWML	SOYBEAN MEAL (cash settlement)	MIDAM
MIDOATS	OATS	MIDAM
MIDPLAT	PLATINUM	MIDAM
MIDPOUND	BRITISH POUND	MIDAM
MIDSL NY	SILVER (NY delivery)	MIDAM
MIDWHT	WHEAT	MIDAM
MIDYEN	JAPANESE YEN	MIDAM
MMI MAXI	MAJOR MARKET INDEX (MAXI)	CBOT
MN WHT	WHEAT	MGE
MPL CS	CORN SYRUP (high fructose)	MGE
MPL WHT	WHITE WHEAT	MGE
MUNIINDX	MUNICIPAL BOND INDEX	CBOT
NW CGSIL	SILVER	CBOT
NY CPR	COPPER	COMEX
NY ECU	EUROPEAN CURRENCY UNIT	FINEX
NY FYTR	FIVE YEAR T-NOTE (FYTR)	FINEX
NY LTCRD	CRUDE OIL LIGHT »SWEET«	NYMEX
NY NLGAS	GASOLINE (unleaded regular)	NYMEX
NY SLVR	SILVER	COMEX
NYF INDX	NYSE COMPOSITE	NYFE
PALL	PALLADIUM	NYMEX
PLAT	PLATINUM	NYMEX
PROPANE	PROPANE (liquified propane gas)	NYCE
SB OIL	SOYBEAN OIL	CBOT
SFT LBR	LUMBER (random lengths)	CME
USDLRIDX	U.S. DOLLAR INDEX	FINEX
WJ BAR	BARLEY/A	WCE
WJ FLAX	FLAXSEED/A	WCE
WJ OATS	OATS/A	WCE
WJ RAPE	RAPESEED/A	WCE
WJ RYE	RYE/A	WCE

SYMBOLE DER KONTRAKTMONATE

Laufendes Jahr		*Nächstes Jahr*
F	Januar	A
G	Februar	B
H	März	C
J	April	D
K	Mai	E
M	Juni	I
N	Juli	L
Q	August	O
U	September	P
V	Oktober	R
X	November	S
Z	Dezember	T

CHART-DIENSTE

(Auswahl)

Verlag Hoppenstedt & Co.
6100 Darmstadt, Havelstr. 9

Neue Wirtschaftspresse Verlag
6712 Bobenheim-Roxheim,
Carl-Benz-Str. 3

Roland Conrad Verlag
2300 Kiel, Lornsenstr. 28

Charts-Sammlung
Thomas Hansch
2870 Delmenhorst,
Dresdener Str. 9

Verlag Andreas Schmidt
8700 Würzburg,
Franziskanergasse 1

Commodity Research Bureau
75 Montgomery Street,
Jersey City, N.J. 07302

Commodity-Charts Richard Ebert
6419 Burghaun 1, Schloßstr. 40

FACHPRESSE

(Auswahl)

Handelsblatt
Frankfurter Allgemeine Zeitung
Die Welt
Blick durch die Wirtschaft
Süddeutsche Zeitung
Börsen-Zeitung
The Wall Street Journal
International Herald Tribune
Neue Zürcher Zeitung
Wiener Börsenkurier

BÖRSENKURSE ONLINE

(Auswahl/Anbieter)

Btx bzw. Videotex (für den Amateurbereich)

Hornblower Fischer (*55553 #)
Betriebsgesellschaft
Datenverarbeitung
für Wertpapier-
geschäfte BDW (*49969 #)
Capital (*Capital #)
Börsen-Zeitung (*20027 #)

Datex-P bzw. Telepac (für semiprofessionelle Zwecke)

Quotron, USA (»Quotdial«)
Markt & Technik, München
(»RealTime«)
Membran, Frankfurt
Hornblower Fischer, Frankfurt
(»Realtime Plus«)

Standleitung (HfD für Profis)

Quotron (»Quoteline«), Reuter,
Telekurs (»Investdata«), VWD,
Telerate, Bridge Data

LITERATURHINWEISE

Bilitza, K.-H.
Erfolgreich spekulieren mit
Aktien- und Rentenoptionen
Verlag Moderne Industrie,
Landsberg

Büschgen, H. E.
Das kleine Börsen-Lexikon
Verlag Wirtschaft und Finanzen,
Düsseldorf

Kostolany, A.
Kostolanys Börsenseminar
Econ-Verlag, Düsseldorf

Lingner, U.
Optionen: Anlagestrategien
und Märkte
Gabler Verlag, Wiesbaden

Müller-Möhl, E./Ebner, M./
Ljungström, F./Rothfeld, M.
Optionen. Grundlagen
und Strategien
Verlag Neue Zürcher Zeitung,
Zürich

Siebers, A. B. J.
Gewinne realisieren an der
Warenterminbörse
Verlag Moderne Industrie,
Landsberg

Wendling, P.
Geldanlage mit Gewinn
Moewig Verlag, Rastatt

Widmer, U./Heer
Erfolgreiche Börsengeschäfte mit
Optionen
Fortuna Finanz Verlag,
CH-Ebmatingen ZH

Zwätz, D./Rettberg, U.
Lexikon des Terminhandels
Verlag Wirtschaft und Finanzen,
Düsseldorf